Serge Lazarevic

D'UN DÉSERT À L'AUTRE

Mon histoire racontée par Renaud Blondel

DOCUMENTS

PRESSES DE LA CITÉ

Avertissement de l'éditeur :
Par respect pour la vie privée des personnes citées, certains noms ont été modifiés.

ISBN 978-2-258-13636-6

Presses de la Cité — un département **place des éditeurs**

place des éditeurs

A mon ami Philippe
A ma fille Diane

24 novembre 2011

Un bruit sec claque dans la nuit.

Mon sommeil est si lourd ; je ne comprends pas ce qui se passe ni d'où ça vient.

La porte de la chambre vient d'être enfoncée. La chaise placée devant a implosé sous le choc.

— Lève-toi, m'ordonne-t-on d'une voix calme et assurée.

La lumière est allumée. Pourtant blafarde, elle m'éblouit par sa soudaineté. Je suis dans mon lit, allongé sur le flanc, le visage tourné vers le mur. Je sens se poser sur ma tempe le métal froid d'un canon. Mon regard commence seulement à faire la mise au point. Le flou et le brouillard se dissipent. Je ne réponds pas. Je m'exécute. Doucement. Fébrile. Tout est bien réel. Je ne suis pas dans un mauvais rêve. La pression qu'exerce la kalachnikov sur mon visage est si forte que je peine à amorcer le moindre mouvement.

Je me retourne. L'homme est immense. Plus grand que moi encore. Au moins deux mètres. On dirait un Touareg. Il porte un turban, une espèce de tunique et une barbe fournie. Il pointe son fusil-mitrailleur sur moi. Contre moi. Je ne peux le voir distinctement. Il se dresse précisément entre le plafonnier et moi, à contre-jour. Le blanc de ses yeux est injecté d'une détermination glaçante. Je suis nu.

I

Deux jours plus tôt

Je suis heureux. Je retrouve l'Afrique.

J'aime son infinité. L'horizon y tient toujours ses promesses. Il porte en lui l'origine du monde, le règne animal, l'immuabilité des traditions, grandeur et majesté. Son peuple, ses peuples ont reçu en héritage une terre magnifique, intemporelle, indomptable, capital universel mais aussi fardeau aride ou boueux. L'indolence y tutoie l'âpreté. La fête, la tragédie. La générosité, la misère. La vie y honore la mort. Le voyageur, lui, y satisfait sa soif d'authenticité.

Sur la route qui mène à Hombori, confortablement installé à l'arrière du véhicule, je laisse cette délicieuse vacuité m'emporter. Mon esprit vagabonde de souvenirs en projets, de méditations pseudo-existentielles à l'anticipation du déjeuner. La route est sans grand intérêt. Une interminable bande d'asphalte, plus ou moins régulière, perce cette savane herbeuse, ocre et sèche. Mais déjà les villages traversés distillent ce parfum si singulier de l'Afrique. Je m'en emplis les poumons. Les femmes s'affairent, souvent lestées d'improbables chargements tenus en équilibre sur la tête. Toutes portent des boubous aux couleurs flamboyantes. Les enfants se pressent autour du van pour nous vendre tout et n'importe quoi. Leurs dents blanches illuminent leurs visages. Les hommes, quand ils ne palabrent pas, se satisfont volontiers du spectacle offert par la route. Dans ce ballet, les bus surchargés disputent le passage aux brinquebalantes charrettes à bestiaux.

Je n'ai jamais mis les pieds au Mali. Tombouctou, la falaise de Bandiagara, le pays dogon, Djenné… ces noms, chargés d'histoire et d'images, ne sont pas étrangers à ma venue. Ils sont de ces totems de bourlingueurs, de ces passages obligés pour qui aime traîner ses guêtres à travers le monde. Je me promets de convaincre Philippe de nous y attarder, sitôt notre mission terminée. Amateur d'art premier, il l'a certainement prévu lui-même ; en témoigne cette grande statue dogon achetée la veille à Bamako et rangée avec soin au fond du coffre. Je me réjouis de découvrir une Afrique différente de celle qui m'est familière ; si toutefois l'Afrique peut un jour être familière au voyageur européen… Plus jeune, je me suis lancé dans quelques équipées dont la seule ambition était de voir du pays. Avec

Michel, alors que nous n'avions que vingt-trois ou vingt-quatre ans, nous avons convoyé des voitures jusqu'au Niger. Michel, l'ami d'un ami rencontré à Paris au hasard de soirées arrosées, partageait mes rêves d'aventure. Une quête d'ailleurs, évidemment, mais aussi une fuite sociale, probablement. Le défi avait été lancé comme une provocation : acheter une Peugeot 505 et un Combi pour une bouchée de pain et les emmener jusqu'à Niamey, où les attendaient une seconde vie puis une troisième et une quatrième. Nul doute que, trente ans plus tard, ces deux vieilles guimbardes circulent encore, quelque part, aux confins du Sahel… Notre périple nous a fait traverser l'Espagne, une partie du Maroc, l'Algérie puis le Niger… Une escapade extraordinaire avec pour seul butin les rencontres, les souvenirs, les couchers de soleil. Nous sommes repartis les poches aussi vides qu'à notre arrivée à Niamey. La revente des véhicules a tout juste financé le voyage. En d'autres temps, Volkswagen aurait vu là l'opportunité d'une belle opération marketing. Amener ce foutu Combi à destination relevait de l'exploit.

Michel est tombé amoureux de l'Afrique au point de poursuivre jusqu'à « Ouaga » et de s'y installer en qualité plus ou moins inspirée de « chef d'entreprise ». Il y a créé un club de jazz et de blues, où je l'ai rejoint après quelques ultimes convoyages. La démarche entrepreneuriale s'est révélée pour le moins hasardeuse. On n'est pas sérieux quand on est jeune, pour paraphraser le poète. On l'est moins encore quand on est jeune *et* responsable d'un bar toujours approvisionné ! A offrir des verres à la clientèle et à trinquer trop souvent avec elle, on oublie l'essentiel, jusqu'à faire péricliter puis disparaître une affaire. J'ai pourtant gardé de ces moments d'excellents souvenirs. Je pense donc à Michel, regrettant d'avoir laissé le temps installer la distance et la distance rompre définitivement le contact. Je me demande ce que ce compagnon de fortunes diverses a bien pu devenir. Probablement est-il revenu à plus de sagesse. La maturité ou la pression familiale… Les deux peut-être. Je me souviens aussi de Lulu, le troisième larron. J'en souris.

Mohamed, notre chauffeur, échange quelques mots avec Philippe. Manifestement, des formalités administratives restent à satisfaire. Je crois comprendre que la présidence malienne a délivré des droits d'accès aux territoires de l'Est, qu'il faut présenter dans chaque capitale administrative locale, à Ségou, à Mopti, puis à Douenza. Philippe fait la moue. Il évalue la perte de temps. Je n'entends qu'à demi-mot. Si bien lové dans mes pensées, ensommeillé, je n'ai pas même le courage de tendre vraiment l'oreille. Et puis, tous ces problèmes de formalités, de protocole relèvent du périmètre de Philippe. Je le laisse donc gérer les quelques étapes de notre trajet jusqu'à Hombori.

La première d'entre elles nous arrête à Ségou, sur les bords du fleuve Niger. La ville est une paisible entrée en matière. Son atmosphère a quelque chose de suranné. Larges et propres, les rues bordées d'arbres et de bâtisses coloniales évoquent une vraie douceur de vivre. Des pinasses traversent inlassablement les eaux jusqu'aux villages de pêcheurs voisins. Le marché des potiers exhibe ses trésors. Je prends le temps de déambuler, tandis que Philippe se rend à la mairie de la ville, qu'on reconnaît à son emphase architecturale pour le moins fanée.

Nous reprenons très vite la route. J'aurais préféré que l'habituelle inertie administrative m'octroie davantage de temps. Elle répondra à tous mes espoirs, quelques heures plus tard, à Mopti ! Là, changement de décor. Mohamed a toutes les peines du monde à se frayer un passage dans ce capharnaüm. La quiétude de Ségou a cédé la place à une effervescence bariolée. Je laisse, cette fois encore, Philippe se dépêtrer des autorités locales et profite de ce moment pour m'aventurer aux abords du fleuve et du marché. Paris me semble maintenant à des années-lumière. Je me sens entrer dans mon personnage, celui du baroudeur offert à tous les vents, curieux de l'autre, curieux des différences, curieux de tout. Des barres de sel arrivent de Tombouctou. Sur des étals bringuebalants plantés dans un sol boueux s'accumulent poissons séchés, poulets, bois et fruits tropicaux... Certains produits attirent mon attention. Là des caméléons séchés. Ici des têtes de singes. Il règne dans cette cité bouillonnante un cosmopolitisme tout malien... Bambaras, Songhaïs, Peuls, Touaregs... toutes les tribus alentour se retrouvent ici pour commercer. Très vite, les trente minutes de balade que j'ai annoncées à Mohamed arrivent à leur terme. A contrecœur, je regagne le véhicule où Philippe m'attend, prêt à entamer le dernier tronçon. Il a la mine grave. Il est tout à sa mission, investi, habité. Méthodique, il a déjà tout prévu. Quoique parfaitement rompu aux aléas de l'Afrique, il veut s'en tenir au programme qu'il a tracé. A dire vrai, cette rigueur que dessinent les traits de son visage ne le rend pas très sympathique au premier abord. Moi qui le connais bien et de longue date, j'y vois de la timidité plus que de l'asociabilité. Le nez légèrement relevé et les cheveux frisottants semblent pourtant annoncer une bonhomie toujours prête à se réveiller. Mais il subsiste une part de lui qui reste fermée, méfiante, comme réfractaire. Son excentricité réside dans sa vie, non dans ses fringues ou dans ses attitudes. Notre soirée d'hier dans une boîte un peu glauque de Bamako en a été une nouvelle illustration. Un moment grotesque et savoureux. Philippe y est resté impassible, posé comme une erreur sur la piste, intrus dans ce contexte fait pour le lâcher-prise, la danse, l'alcool, voire la prostitution. Ses petites lunettes rondes ajoutent à son air sérieux. Il faut savoir gagner sa confiance pour prendre la mesure du personnage.

J'ai rencontré Philippe dans un bar du XVIe arrondissement de Paris, à proximité de l'avenue Victor-Hugo : « L'Aventure »... ça ne s'invente pas ! Comme moi, il a été marié à une Brésilienne. Ce point commun nous avait tout de suite rapprochés. Au point de nous lier d'une véritable amitié. A cette époque, je multipliais les missions en intérim dans le bâtiment. Quoique toujours discret sur sa vie, Philippe, son pedigree même, ses récits me sortaient d'un quotidien trop étroit, fait de plomberie, d'électricité et de Placoplatre. L'homme est haut en couleur, énigmatique et passionnant. Un personnage de roman à la fois ingénieur, homme d'affaires et aventurier au long cours...

J'imagine Philippe victime d'une situation qui l'a dépassé. D'ailleurs, il ne s'est pas enrichi. Au contraire. Le nombre de ses amis a fléchi avec son compte en banque. J'ignore comment. Des aventures commerciales bancales et un peu de malchance, manifestement. Philippe a exploité quelque temps une mine d'émeraude à Madagascar, une veine prometteuse de plusieurs dizaines de kilomètres, à portée de piste de Tuléar. Il y a ensuite monté – ou repris ? – une compagnie aérienne. Chaque fois, une catastrophe en a amené une autre, toujours plus rocambolesque. Un jour, alors qu'il pilotait son propre appareil, il lui a fallu atterrir en urgence au Soudan. Un problème moteur grave. Il s'y est fait enlever et retenir en otage pendant deux mois par un obscur groupe rebelle. Les conditions de détention étaient rustiques mais tolérables... Ni violence ni menace. « Juste une privation temporaire de liberté », dit-il encore maintenant. Echangé contre une misère, des vivres me semble-t-il, il a regagné Madagascar, d'où il a été finalement expulsé manu militari.

Je n'ai jamais su pourquoi. Pudeur. Respect. J'ai toujours veillé à n'être ni trop curieux ni insistant. J'ai toujours laissé Philippe placer le curseur des confidences où il le voulait. Ces événements en cascade ont usé l'homme jusqu'à la corde. Philippe assure me devoir « une partie » de son salut. Il s'est dit suicidaire. Alors que sa solitude se faisait évidente, prégnante, pesante, nous avons fait de nos couscous Chez Bébert, à Paris, un rendez-vous dominical incontournable. « Serge, tu m'as sauvé la vie », m'a-t-il lâché, un midi. Je ne faisais pourtant que très peu. J'étais le témoin d'un parcours invraisemblable, parfois le soutien logistique ou matériel modeste d'une existence tourmentée, proche à certaines époques de la déconfiture. Pour lui, je suis une balise ; j'ai la faiblesse de le croire. La seule, dans son paysage relationnel. Une ancienne gloire m'y a pourtant précédé. Philippe l'évoque toujours aujourd'hui avec la fascination de la groupie qui a approché son idole. L'accès au mentor, au mythe… quand bien même ce mythe serait moribond… Bob Denard, le mercenaire, le Sultan blanc des Comores, n'avait plus grand-chose de sulfureux. Au soir de sa vie, le vieil homme s'est trouvé la compagnie d'un voisin atypique et prévenant. Probablement réécrivaient-ils ensemble leurs pérégrinations respectives. Tout simplement. Peut-être ont-ils partagé des réseaux et des routes communs. Bob Denard n'était que l'ombre de lui-même. Assigné à résidence par la maladie et le grand âge, la certitude de ne plus pouvoir jamais quitter la France précipitait sa fin. Et Philippe se félicite encore de l'avoir entouré.

Je n'ai jamais vu en Philippe cette fibre « mercenariale ». Sauf à penser que le mercenaire n'est qu'un homme capable de s'affranchir des règles dans la perspective de gains. Effectivement, les règles de Philippe diffèrent sensiblement de celles du commun des mortels. Bien sûr, il apprécie les bénéfices. Mais je ne crois pas pouvoir réduire le personnage à ses seules ambitions financières. Sa capacité à rebondir, à se remobiliser sur de nouveaux projets, à se remettre en danger m'a toujours stupéfié. C'est précisément grâce à ces ressources, à cette combativité que nous sommes là, maintenant, sur une route malienne. Voilà quelques mois, Philippe, toujours en veille, a répondu à un appel d'offres sur l'étude d'une construction de cimenterie. Financé par la Banque mondiale, le projet doit voir éclore deux sites de prélèvement de calcaire et un de transformation de la matière en ciment. Une société bamakoise de travaux publics, en charge du chantier à venir, a sollicité Philippe pour qu'il étudie les espaces géographiques sélectionnés et formule ses recommandations d'implantation. Ses études de géologie lui permettent de maîtriser parfaitement son sujet. Quant à moi, je l'assiste en ma qualité de « géomètre à tout faire ». Le dossier est important. Ses enjeux mobilisent les plus hautes strates de l'Etat. Le président ATT (Amadou Toumani Touré) lui-même en a connaissance. J'observe mon vieil ami. Comment a-t-il pu remporter un tel marché ? Comment peut-on seulement candidater ? Ce type force le respect, me dis-je en regardant Mopti disparaître au loin.

Après quelques heures de route, une petite escale et un semblant de repas à Douenza, nous parvenons enfin à destination. La nuit est tombée. L'hôtel Dombia abrite la seule vie repérable dans l'immensité. S'en échappe l'unique lumière alentour. Le ciel découpe des nuances de noir, de bleu foncé et d'argent. Je crois deviner le massif de Hombori, qu'on dit spectaculaire, berceau d'extraordinaires légendes.

Pas fâchés d'en terminer avec la route, nous prenons quartier dans ce petit hôtel simple mais agréable, déjà investi par onze Italiens. Onze touristes en balade vers Tombouctou. Le verbe haut, les Transalpins revivent leur journée, enthousiastes, et déjà préparent la suivante. Ils sont de ces voyageurs qui disent sortir des sentiers battus, qui l'affichent, Pataugas aux pieds, pantalons de toile léger, gilets multipoches et appareils photo prêts à être dégainés. Les arrivées nocturnes sont toujours un peu particulières. On ne maîtrise rien de ce qui nous environne. On suppose. On projette. En attendant la surprise du lendemain matin. A cet égard, l'hôtel Dombia s'est trouvé une place de choix, au pied des géants de Hombori. Il a su convaincre les tour-opérateurs d'y faire halte. Il faut dire qu'à part le proche campement de Mangou Bagni l'offre n'a rien de pléthorique. Les chambres apparaissent comme des alcôves. Elles donnent une illusion caravanière à ce rectangle de béton de plain-pied, au sommet duquel une terrasse promet le repos.

Nous ne faisons pas de vieux os. Le temps d'un dîner rapide, puis Philippe et moi gagnons nos chambres respectives. Leurs portes se font face dans le petit couloir de la pension. La mienne est d'un confort rudimentaire mais bien réel pour le coin. Une salle de bains avec de l'eau. Une fenêtre donnant sur un monticule de caillasses. Une moustiquaire sans accroc. Un ventilateur fatigué, qui s'échine à démontrer qu'il n'est pas encore mort. Deux lits *single* laissent même le choix du couchage… Je me délecte déjà de la bonne nuit de sommeil qui s'annonce mais ne renonce pas à mes petites habitudes. Je range mes affaires avec soin. Nettoie mes Magnum fraîchement acquises – pas le calibre, les chaussures professionnelles. Je n'ai pas d'arme, d'ailleurs, sauf un modeste couteau, pratique pour couper ou peler les fruits. Enfin, comme je le fais toujours et partout dans le monde, je bloque la porte en coinçant fermement une chaise sous la clenche. Un réflexe parano qui ne m'a jamais quitté et dont je ne m'explique pas l'origine. D'autant que, contrairement à Philippe, je n'ai pas eu à déplorer d'incidents graves en voyage. Tout juste quelques péripéties çà et là.

Les draps sont propres. Je m'y installe, fidèle à une autre habitude : nu. C'est ainsi que j'aime dormir. Les Italiens se sont tus. Je n'ai pas le temps de profiter du silence absolu. Il est beau, ce silence. Il est précieux. Nos vies n'en sont que de trop rares bénéficiaires… Toujours un voisin, un moteur, la vibration d'un téléphone viennent l'annihiler. On l'y trouve sans effort, en Afrique. Pas un bruit. Rien. Pas même le bruissement des feuilles d'un arbre sous le vent. Rien. C'est ça, le silence absolu. Je ne l'entends pas. Faute de temps. En quelques secondes, je sombre dans un sommeil d'enfant.

Aussi matinal que le soleil malien, je retrouve Philippe au petit déjeuner. Le décor grandiose ne trahit pas nos espérances de la veille. Des pains de sucre monumentaux de plus de mille mètres se dressent devant nous, là, tout près, comme par miracle. Des géants jaillis du néant... Un Far West africain.

— Bien dormi, Serge ? me lance-t-il. Prêt à entrer dans le vif du sujet ?

— Comme un loir ! Plutôt sympa, le petit dèj'. Tu connais le programme des réjouissances ?

— Les réjouissances ? Elles arrivent, me dit-il à propos en désignant la camionnette et la jeep qui se garent devant l'hôtel.

Des officiels nous rejoignent. Il y a là quatre ou cinq militaires, maire et préfet. Le grand jeu ! Grande pompe et grosse escorte pour visiter les sites pressentis pour cette cimenterie. Nous devons leur remettre nos papiers avant de quitter l'hôtel. Un peu plus tard, il faut payer les militaires... Aussi modiques que soient les sommes, la méthode rend fou Philippe... qui s'exécute en maugréant.

Nous inspectons le premier des deux sites d'extraction. Dominée par les colosses de Hombori, protégée par cette « main de Fatima », la possible carrière semble donner satisfaction à Philippe. Je lui prête assistance dans le déploiement et la gestion du matériel, des mesures, des prélèvements. Le massif, selon des légendes locales, renfermerait un trésor. Pour d'autres, il est un lieu de piété et de spiritualité. Je me dis, sourire aux lèvres, qu'il saura peut-être contribuer à notre bonheur. Que cette mystérieuse main sculptée par la nature nous sera généreuse.

Notre étude ne s'en tient pas à la seule qualité de la matière nécessaire à la fabrication du ciment, argile ou calcaire. Elle doit aborder les conditions d'acheminement vers le concassage, anticiper un plan de réhabilitation viable et utile de la carrière, définir les équipements mobiles requis et les plans de circulation adaptés, lister les dispositions de sécurité. Les conditions du stockage, sa dangerosité, ses règles vont être arbitrées. Celles de la cuisson, de la « décarbonatation », doivent résulter d'une réflexion nourrie. De même que les équipements et les accès du personnel répondront à des standards internationaux, proscrivant toute désinvolture. Enfin, l'ensachage et le transport routier auront pour contrainte la fluidité du trafic.

Notre tâche est donc vaste, transversale et pluridisciplinaire. Elle tient de la géologie mais aussi de la logistique et de la chaîne de production.

Par ricochet, nos recommandations auront des conséquences sur les villages du secteur, sociales et économiques… J'ai le sentiment que nous nous attelons à un chantier d'envergure, aux conséquences importantes. La délégation qui nous entoure, ses circonlocutions ampoulées participent de ce ressenti VIP malgré la simplicité d'un déjeuner pique-nique autour de la jeep, non loin d'un village touareg. Sympathique, la pause nous vaut un détour que je ne m'explique pas. Mais les uns et les autres y tiennent absolument. Nous inspectons ensuite le deuxième site, distant d'une vingtaine de kilomètres, riche des mêmes promesses. Philippe voit dans cette première approche des ressources potentielles de plusieurs dizaines de millions de tonnes de calcaire. Il y voit aussi des opportunités significatives pour la chaux vive.

Nous prenons la décision tous ensemble d'en rester à ces deux carrières et de laisser au lendemain l'investigation consacrée à la transformation. Nous faisons un saut de convenance à la sous-préfecture, puis retournons à l'hôtel pour débriefer sur la terrasse, aux dernières lumières du jour, en compagnie du maire. La réunion terminée, Philippe et moi prenons un peu de temps pour nous. Lui en se retirant dans sa chambre pour y faire la synthèse de la journée de travail. Moi en traînant puis en prenant une douche avant le dîner.

Nous proposons à Mohamed de se joindre à nous. Gêné, surpris, il refuse d'abord. Avant d'accepter notre proposition, finalement flatté. Il nous étonne, ce Mohamed, toujours heureux de la chaleur qu'on lui témoigne mais soucieux de garder ses distances. Il n'y a plus que nous dans l'établissement. Nous et un jeune Touareg, déjà là hier soir. Je le pense touareg en raison de son gabarit, grand et longiligne. J'ignore ce qu'il fait là. Difficile de croire à du tourisme. Ce n'est ni dans les mœurs ni dans les moyens financiers d'une éventuelle clientèle malienne. Je ne crois pas non plus l'homme membre du personnel. Il se fait servir. Certes, sans faire l'objet de déférence particulière, mais également sans participer à l'organisation de l'établissement. Il a une guitare et ne la lâche pas. Etrange, ce mec. Ni avenant. Ni hostile. Impassible. De cire.

Au menu : poulet, riz, patates… comme souvent au Mali. A la fin du repas, nous invitons le gérant de l'hôtel et le jeune Touareg à partager le thé. Philippe demande au second s'il peut jouer quelques accords sur sa guitare. Il aime ces contre-pieds, celui du type rigide qui vient sur des terrains où on ne l'attend pas. Moi-même, je ne lui connaissais pas des talents de musicien. Cela dit, je ne peux en mesurer toute l'étendue puisqu'il casse une corde dès la première note. Le rire s'impose à tous, sauf à notre jeune Touareg.

Philippe présente des excuses et lui propose aussitôt de le dédommager. La démarche n'arrange rien. Au contraire. La peau mate. Le port altier. Les yeux noirs. Ce type renferme en lui toute la fierté touarègue. Peut-être l'avons-nous blessé.

Philippe part se coucher. Je reste une heure encore à parler de tout et de rien, à rire avec Mohamed, avec le patron du Dombia et l'un de ses serveurs. Le jeune Touareg, quoique en retrait, est toujours des nôtres, autour du foyer, où la braise déclinante tient notre thé à température. J'aperçois un scorpion noir se hasardant à nos pieds. Par réflexe, je l'écrase. Avec vigueur. Mais mes cent vingt kilos et ma pointure 46 n'y suffisent pas. Je le mets au feu. Sur la braise. Il s'en dégage des vapeurs désagréables, qui nous décident à regagner nos quartiers respectifs.

J'insiste pour que Mohamed profite du lit vacant dans ma chambre. Impossible de l'en convaincre, malgré une argumentation tenace. Je ne comprends pas mais respecte sa préférence pour le toit de la voiture. J'espère ne pas l'avoir choqué en l'invitant à partager ma piaule. C'était tellement évident. Rien n'y fait. Il se dérobe et n'hésite pas à me laisser en plan pour ne pas avoir à se justifier. Nous veillons bien tard, pour la région. Il est près de 22 heures quand je retrouve mon lit après avoir accompli un à un et dans le même ordre tous mes « rituels » du coucher.

La porte vient d'être enfoncée. L'homme qui a fait irruption maîtrise parfaitement son rôle. Derrière lui, à deux ou trois mètres, se tient un complice. Beaucoup plus petit. Un mètre soixante au jugé. Même tenue, mais ethnie différente. Un Songhaï ou un Tamashek. Un troisième homme, enfin, est resté dans l'embrasure de la porte. Chacun joue une partition bien maîtrisée. Aucune hésitation. Le port des armes indique qu'ils sont entraînés. Je suis complètement désorienté. Mais je n'ai pas vraiment peur, comme souvent la victime traumatisée ou sous adrénaline. Tout est allé trop vite. Je suis le témoin de ma propre tragédie, extirpé de mon sommeil comme de moi-même. Mon esprit s'est libéré de mon corps. Le temps s'est détaché de l'espace. Je m'efforce de reprendre le dessus sur l'émotion. Mes mouvements saccadés se normalisent doucement. Mes pensées se réordonnent. Je songe un instant à neutraliser ces mecs. A me battre. A le tenter, plus exactement. Je crains de n'avoir aucune chance. Je devine d'autres hommes dans le couloir. Je mettrais non seulement ma vie en danger mais aussi celle de Philippe.

— Les mains dans les dos, m'intime le gaillard avec autorité.

Je suis nu devant mes assaillants, les poignets maintenant solidement attachés. Une partie de moi laisse l'angoisse s'infiltrer entre mes os. L'autre renonce à croire à la gravité de ce qui se joue. C'est de l'intimidation. Ce sera rentré dans l'ordre rapidement. Je ne suis pas journaliste. Ni même salarié d'un grand groupe industriel ou énergétique. Que peuvent-ils espérer de moi ?

Ces salauds ne me laissent même pas m'habiller. A poil, je suis amené devant l'hôtel, face à l'obscurité béante du désert. Cinq ou six personnes y sont tenues en respect, immobiles, face contre terre. Je ne les reconnais pas. Probablement du personnel de l'hôtel ; la cuisine ou l'intendance. Elles sont mortes ? Je ne crois pas. J'imagine, j'espère entendre leur souffle angoissé se perdre dans le sable gravillonneux. Je m'agite, observe, cherche du regard une solution, une complicité, un repère... n'importe quoi. Un violent coup de crosse s'abat sur mon dos, me dictant de plonger le nez au sol. J'en ai la respiration coupée. Je suffoque. Je pleure. Philippe n'est toujours pas là. Peut-être a-t-il pu se cacher. Fuir ? Peut-être l'ont-ils abattu ? Peut-être ne veulent-ils s'en prendre qu'à moi ?

Un homme éructe un ordre guttural, suivi d'un grand fracas. La rixe se tient dans la chambre de Philippe, à quelques dizaines de mètres. Des bruits sourds me font craindre une grande brutalité. Les meubles sont déplacés. Retournés probablement. L'empoignade dure. Philippe s'était préparé à les recevoir. Il se défend.

— Au secours, à l'aide ! appelle une voix étranglée.

Puis plus rien. Si, quelques mots dans un dialecte inconnu. Et plus rien. A nouveau.

Ces fils de pute ne l'ont quand même pas tué… Bouge, Philippe ! Crie ! Hurle !

Quelques secondes passent, qui n'en finissent pas… Puis deux hommes le traînent enfin à mes côtés, inconscient, le visage ensanglanté. Il reste inerte. Il est en caleçon et en tee-shirt. Je ne lui parle pas, certain de m'exposer à d'autres coups. Je ne le quitte pour autant pas du regard. Je guette un signe de vie, un gémissement, une respiration.

Le commando est plus nombreux que je ne le croyais. Une dizaine d'hommes. Je ne vois ni Mohamed, ni le gérant de l'hôtel, ni le jeune Touareg. Inutile de les appeler. Qu'ils soient complices ou victimes, ils ne peuvent rien pour notre salut. Les barbus organisent le départ. L'un d'eux s'empare du matelas et de la couverture de Mohamed pour les charger à l'arrière du pick-up. Un autre s'adresse à nous. Nous sommes maîtrisés, il peut se montrer moins méthodique. Son français est audible. Le message est clair malgré un fort accent :

— Vous êtes des clochards. Vous amenez l'incroyance en Afrique !

Philippe est hissé sans ménagement à bord du pick-up. Jeté sur le matelas, la tête côté cabine, les pieds côté hayon, le corps vaguement calé par la couverture. A mon tour je dois grimper et m'allonger en chien de fusil à sa stricte perpendiculaire, de sorte que nos pieds peuvent se toucher. Je suis couvert d'un drap. La voiture démarre en trombe. Je ne vois rien. J'essaie de deviner la direction prise par le 4 × 4. Il me semble que nous partons vers l'est. Une autre voiture nous accompagne, la cabine et les ridelles du Mitsubishi n'ayant pas suffi à embarquer dans son intégralité ce bataillon de salauds. En tendant l'oreille, je crois même entendre une moto. Je suis nu. Toujours. Pourtant, je n'ai pas froid.

Désormais, la tension nerveuse et la surprise ne peuvent plus masquer la peur. Je gamberge sur les issues possibles. Nous n'empruntons pas la route, mais une piste rapide. Je suis ballotté, brinquebalé. Les bosses font bondir ma grande carcasse qui chaque fois retombe un peu plus lourdement.

Ça n'en finit pas. Mes côtes deviennent douloureuses. Chaque nid-de-poule m'inflige comme un coup de couteau dans le thorax. Ma respiration me donne l'impression d'un tissu qui se déchire. J'essaie de me cramponner mais je n'ai prise sur rien. J'en viens à ne plus me préoccuper de Philippe. Juste obnubilé par ma propre situation.

Nous marquons un premier arrêt. Très bref. Je me l'explique par un changement d'équipe. J'ai l'impression de ne pas voir les mêmes visages, moins d'Africains noirs, plus de Maghrébins. Philippe, groggy, revient enfin à lui. Nous n'avons toujours pas échangé un mot. Il s'assied, hébété. Il lutte pour remettre de l'ordre dans sa tête. Je réussis à défaire mes liens. Je peux enfin me protéger du rodéo qu'impose l'arrière du pick-up.

Nous repartons avant un nouvel arrêt. Le jour s'est tout juste levé. J'évalue le trajet parcouru à trois heures de piste. Un type prend le matelas et l'étend au pied d'un arbre, perdu au milieu de nulle part. De petites dunes, souples et rondes, s'amorcent dans une caillasse d'un jaune brunâtre. Elles annoncent la proximité du désert. Le « vrai ». Celui de sable. Les montagnes de Hombori ont disparu. J'ai beau parcourir et reparcourir l'horizon à trois cent soixante degrés, elles restent invisibles, pas même minuscules. Nous en sommes loin. Nous avons avalé des kilomètres.

Les barbus nous demandent de descendre du

véhicule. Ils rient à gorge déployée en me voyant déplier mon corps dévêtu et endolori. Bien sûr, la nudité les amuse bien plus que mes bleus. L'humiliation est pour eux une délectation, une sucrerie. Pourtant, me trouver à poil face à ces types hilares m'est indifférent... L'un d'eux, plus grave, se saisit soudain d'un couteau. Il prend aussi le drap qui me recouvrait et me regarde fixement. Menaçant. Il s'approche de moi. Ses yeux ne me lâchent toujours pas. Me toisent. Puis il taille un large trou dans le tissu de coton. Il m'y fait passer la tête, de sorte que je suis habillé d'une espèce de toge. Philippe me rejoint tandis qu'une dizaine de types s'agenouillent plus ou moins face au soleil, pour la prière. A nouveau, les effectifs augmentent. Parmi les types remplacés, il y en avait un qui portait mes bottes, les Magnum. Pas sûr que son Dieu apprécie... Tout laisse à penser qu'ils ont emporté notre matériel et ce qui a un peu de valeur. Les nouveaux sont lourdement armés. RPG, kalach, TT33 et autres armes russes. Ils ne rigolent pas. Abrités des regards par un arbre et un petit rocher, Philippe et moi nous parlons, enfin.

— Quelle merde ! Philippe, si on doit s'échapper, c'est maintenant, aujourd'hui, cette nuit... Après, ce sera baisé. Ça va, toi ? Ils t'ont bien arrangé, les salauds.

— Mouais. Et toi, ils ne t'ont pas tabassé ?

— Non. Ça va. T'inquiète... S'il vous plaît, je peux aller aux toilettes ?

Je demande à m'écarter. Je veux voir par-delà ce petit dôme de sable et de cailloux. A quelques centaines de mètres, j'aperçois un autre groupe d'hommes, en deuxième rideau de surveillance. J'encaisse alors un violent coup sur l'omoplate. Estimant que je suis allé trop loin, mon garde me rappelle à l'ordre. Avec autorité. Je crains que l'agression physique ne demeure leur seule façon de s'adresser à nous. En tout cas, ces gars sont organisés et il est vain de prétendre s'échapper. Quand bien même je le risquerais, je ne saurais pas dans quelle direction fuir et moins encore comment survivre dans ce no man's land.

Nous passons une bonne partie de la journée sur notre matelas. Interdit de communiquer. Entre nous comme avec nos ravisseurs. Seul un type exprime un peu d'empathie. Il porte la même barbe que ses camarades de jeu, ici dense, là éparse. Mais la sienne laisse passer quelques sourires. Sans un mot et veillant à n'être vu de personne, il nous présente quelque chose. Son bras tendu indique qu'il s'agit d'un « cadeau » ou d'un service, mais qu'il attend de nous la même discrétion que la sienne. De la vaseline ! Circonspects, Philippe et moi nous regardons. De concert, nous prêtons à notre interlocuteur une allusion graveleuse qu'il n'a probablement jamais imaginée.

— On prend, dit Philippe. Ça peut servir. *Choukran*, mon garçon !

Nous embarquons à nouveau. Les hommes se montrent indifférents aux liens défaits et à mes mains désormais libérées, mais ils prennent soin de nous bander les yeux. Nous roulons environ une heure avant d'arriver sur un vaste plateau, flanqué d'une montagne abrupte. Il ne fait ni tout à fait jour, ni vraiment nuit. Notre comité d'accueil est composé d'un nouveau tandem, dont nous ne distinguons pas bien les têtes dans l'aube naissante. A nouveau un grand gaillard, cette fois plus rondouillard, et un petit tassé. Le grand type a la voix de Philippe Noiret. Mûre. Chaleureuse. Son français est approximatif. Il est traduit par le petit qui, lui, le parle parfaitement. Il demande le code d'accès de l'ordinateur à Philippe, qui le lui livre sans hésitation. Il s'adresse à moi :

— Mets-toi à genoux. Baisse la tête. Qu'est-ce que tu fais là ? Comment tu t'appelles ?

— Je m'appelle Lazarevic. Serge. Je suis au Mali pour un projet de cimenterie.

— Pourquoi ne dis-tu pas que tu es un infidèle qui cherche le blasphème ?

— Je ne cherche pas le blasphème.

Mes réponses semblent ne pas importer. Les deux hommes, en représentation, sont interrompus par le téléphone… Invité troublant dans ce bout du monde. Je comprends, par la conjonction des regards et quelques mots, qu'ils confirment à leur interlocuteur avoir mené à bien l'opération. Oui, ils détiennent les deux Français.

On nous donne un genre de qamis, cette tunique ample et longue, qu'il nous faut passer un peu comme des taulards qui reçoivent l'uniforme du pénitencier. Un peu aussi comme des patients qui enfilent le linge bleu d'un CHU. Dans les deux cas, ça n'annonce pas une sinécure. J'y vois aussi les images de Guantánamo et des fameuses combinaisons orange remises aux détenus par l'administration américaine... Nous avons droit à des chaussures usagées. Celles qui m'échoient affichent une pointure de trois tailles inférieure à la mienne ; j'en casse le contrefort et les enfile comme des chaussons.

De l'eau et du pain nous sont « offerts ». Je reçois aussi un petit tapis de sol en mousse, en guise de couchage. Philippe, lui, a pu conserver le gros matelas qui s'accroche à nos déboires depuis le Dombia. A l'abri du vent, nichés dans les aspérités du sol laissées par les chameaux, nous passons, déboussolés et passifs, notre première nuit dans le désert. Notre première nuit d'otages.

J'ai peiné non à trouver le sommeil mais à le garder. La journée d'hier a été éprouvante. Cette première nuit d'otages l'a été tout autant. Nos mains ligotées dans le dos. Les pieds enchaînés l'un à l'autre, de sorte que seul un faible écartement de nos jambes est possible. Quelques centimètres seulement. La chaîne fait le tour d'une cheville. Le premier maillon rejoint le quatrième ou le cinquième et s'y arrime avec un cadenas. Les maillons suivants gagnent l'autre jambe et répètent l'opération avec un second cadenas. L'ensemble est lourd et ne tardera pas à nous blesser si des nuits comme celle-ci doivent se répéter. La température a fortement baissé. Une vapeur blanchâtre s'échappe encore de nos bouches. Les deux couvertures synthétiques « made in Japan » ont été une bénédiction. Déjà une lumière franche et contrastée inonde le désert, rayée d'ombres déformées, étirées sur le sol. Les barbus se mettent au travail. Sans nous solliciter. Ils bâtissent une cabane de fortune, faite de branches sèches, dans laquelle ils vont nous consigner. En plein soleil. Rien n'est laissé au hasard.

Quelques arbres leur servent à tendre des toiles sous lesquelles ils s'abritent, de nuit comme de jour. La peur d'être vu du ciel. Quant à nous, ils s'appliquent à nous en tenir éloignés, exposés aux rayons du soleil que la grande paroi rocheuse nous renvoie décuplés. « Assignés à résidence », nous sommes dans cette cabane de branchages comme dans une étuve. En journée, il y fait cinquante, cinquante-cinq degrés. Peut-être plus.

— Philippe, ils veulent nous affaiblir. Dans trois jours, on sera complètement déshydratés. Ils n'auront même plus besoin de nous surveiller.

— Ils ne vont pas nous tuer. On a une valeur marchande.

— Pas nous tuer, Philippe. Nous affaiblir. Tu crois qu'on peut discuter avec leur chef ? Je ne sais pas, moi… négocier quelque chose, un truc du genre.

— Le boss n'est pas là. Rappelle-toi leur conversation téléphonique. Si ça se trouve, le vrai boss est à des milliers de kilomètres.

— Putain, on est dans une sacrée merde.

A défaut du big boss, nous tâchons d'établir un contact avec ce type qui cultive le leadership sur le commando. Nous l'appellerons Bouari, interprétation purement phonétique de sons captés ici et là, probablement sans rapport avec son véritable nom. Il demeure complètement hermétique à nos tentatives de rapprochement. Nous n'espérions pas une complicité, mais au moins une réponse, quelques mots, un signe de tête, voire un sourire. Rien. Rien qui pourrait humaniser la relation. Il garderait des vaches ou des chèvres avec la même indifférence.

Trois jours durant, nous ne faisons absolument rien si ce n'est nous liquéfier dans la chaleur accablante de l'abri. Je sens déjà nos forces nous lâcher. En miroir, je vois le visage de

Philippe se creuser, s'émacier. Chaque mouvement nous coûte. Nous ne nous parlons pas. Ou très peu. Désœuvrés. Abattus. J'ai ce sentiment absurde d'attendre un bus en plein cagnard, un bus qui n'arrive jamais. Nous tâchons de prendre notre mal en patience et veillons à ne pas faire entorse aux règles de détention pour ne pas recevoir de mauvais coups. Nous sommes invisibles. Nos ravisseurs demeurent très distants. Ils s'en tiennent aux exigences du silence et de l'inertie. Il va bien se passer quelque chose. Leur intérêt n'est pas de laisser pourrir leur trésor de guerre sous le soleil du djebel. Nous ne tiendrons de toute façon pas longtemps dans ces conditions.

Philippe imagine même que des tractations ont déjà commencé. Entre qui et qui ? Nous ne le savons pas. Nous ignorons pareillement les revendications de ces types, et même leur appartenance. Evidemment, nous n'avons pas à faire aux indépendantistes tibétains… mais s'agit-il d'Al-Qaïda et d'Aqmi, sa branche locale, du Mujao, d'une autre organisation… ? Nous savons cette Afrique subsaharienne incubatrice de groupuscules terroristes en tout genre. La proche Libye en décomposition, la guerre civile malienne, le sud de l'Algérie abandonné sont autant de terreaux favorables à la prolifération djihadiste. La prétendue guerre sainte est dans la région le prétexte aux gesticulations cupides de chefaillons dont la vertu spirituelle ne dépasse souvent pas le bout des babouches. Certains roulent pour leur propre compte. D'autres s'émancipent un temps avant de prêter allégeance à une formation plus importante.

Nous avons parfaitement conscience du contexte. Puisqu'il est question de parasites... Nos organismes manifestent déjà leur ras-le-bol. Le pain et l'eau, notre unique pitance, passent de moins en moins bien. Conjugués aux probables effets du stress et à l'amplitude vertigineuse des températures diurnes et nocturnes, ils provoquent des envies d'aller à la selle parfois si impérieuses que nous ne disposons que de quelques minutes pour demander et obtenir des geôliers l'autorisation de nous isoler. Je m'efforce de dédramatiser, ironisant sur ce régime qui, en toutes choses, surclasse Dukan et autres méthodes supposées vous faire retrouver la ligne. Ça n'amuse pas vraiment Philippe, mais ça me fait du bien. Il nous suffit de sourire pour éprouver l'impact physique de ces conditions de vie. Je sens ma peau se tendre, mes traits se tirer. L'eau manque à nos corps. Notre trachée est comme tapissée de papier de verre. Nous n'arrivons plus à déglutir. Les muqueuses, nos lèvres, le coin de nos yeux, notre langue s'assèchent et changent de couleur. Certaines parties de notre corps déjà semblent s'atrophier ou se contracter sous l'effet de la déshydratation. Je pense aux miens, à ma fille, Diane, à ma mère, à Mei…

Ma vie familiale est un champ de bataille sur lequel je règne en coupable. Deux mariages et beaucoup d'absence. Trop, bien sûr. Surtout pour ma petite Diane, aujourd'hui maman exemplaire à la personnalité bien trempée. Diane, c'est un peu la synthèse de ce modeste clan : la sincérité et les accents terriens de la grand-mère serbe, la rigueur et les principes de l'autre grand-mère, un physique de l'Est et ma tête de lard… Un sacré bout de femme capable de déplacer des montagnes ! Notre famille compte si peu d'âmes que je garde dans mon cercle proche la mère de Diane, dont je suis divorcé. Depuis Bordeaux où elle a refait sa vie, ma première femme me donne l'illusion d'un équilibre à distance. Je ne pouvais rien espérer de tel avec l'idylle périlleuse qui a suivi, à São Paulo, en deuxièmes noces. Je ne suis papa qu'une fois et ma sœur aînée n'a pas d'enfants. Il y a bien des cousins restés en Serbie, mais ils sont loin et nous les voyons peu. C'est dire que les réunions de famille, les grand-messes de Noël ou de la nouvelle année ne déclenchent pas d'immenses banquets. Je pense à chacun d'eux.

Le bourbier dans lequel je me suis mis exacerbe le sentiment d'inachevé. Ces errements de l'esprit ne portent cependant ni nostalgie ni mélancolie.

J'imagine le temps des retrouvailles et toutes ces histoires qu'il me faudra leur conter.

Au quatrième jour, enfin, les choses bougent. Nous nous en réjouissons, quoique inquiets de ce qui nous attend. Bouari nous conduit à un « rendez-vous », comme il le qualifie, à quelques minutes de piste. Nous nous y rendons, les yeux bandés, dans une jeep camouflée, presque maquillée. De la boue, une mitraillette et quelques gadgets bien choisis en font un véhicule de guerre, essentiel à la mise en scène qui va nous être imposée. Nous arrivons dans les studios en plein air de « Maliwood », finalement rassurés qu'il ne s'agisse que d'un simple tournage.

La grande mascarade s'organise. Une vaste bâche noire délivre, en défonce blanche et calligraphie arabe, un message que nous ne comprenons pas. Très certainement des louanges à Dieu et des insultes à l'endroit des mécréants. Peut-être aussi la condamnation des prises de position françaises.

Un type installe sur pied une caméra professionnelle tandis que les hommes en armes peaufinent leur tenue. Ils sont les figurants qui passent au maquillage. J'en vois certains anticiper leur posture. Ils sont des comédiens qui répètent une dernière fois leur scène. Ils se veulent solennels. Durs. C'est tout juste s'il n'y a pas un script et un régisseur... Avec le grotesque de l'amateur qui joue au pro. Chacun vocifère des consignes à son voisin pour exister et prendre part au tableau. Quant à notre cabane, elle aura été un genre de salon de maquillage. Pas de problème, nous avons les mines de circonstance. Défaits. Las.

Le cameraman – algérien selon moi – s'approche de nous. Il a troqué sa djellaba contre un treillis militaire. Avenant, il pose sa main sur mon épaule. Il parle français.

— Ne t'inquiète pas. On ne va rien vous faire. Vous serez bientôt relâchés.

Ironique ou sincère ? Je ne le discerne pas. Il nous présente une grande feuille. Un texte en gros caractères, à l'écriture maladroite.

— Lisez. Lisez exactement. Ne changez rien, poursuit-il.

Derrière nous, les guerriers ont pris place, n'attendant plus que les personnages principaux, les têtes d'affiche. Les turbans sont parfaitement ajustés. Seuls en sortent des regards belliqueux. Les tenues confinent à l'uniforme, toutes sable ou beige, toutes barrées d'une kalachnikov pointant vers le sable. De taille égale, ces hommes peuvent faire illusion, celle d'une armée véritable. On nous attache les mains dans le dos et on nous positionne à genoux, au centre de la scène. Philippe est à ma gauche. Il nous est difficile de garder l'équilibre sur nos rotules immédiatement douloureuses.

— Apprenez le texte avant qu'on filme. Vous avez trois minutes ! aboie le cameraman.

Le texte en question est placé à côté de l'objectif, tenu comme un prompteur par un peu crédible « assistant réalisateur ». Philippe doit se lancer le premier. Je prends la suite, avec le même texte :

— Je demande à la France et au peuple français de nous aider. Des moudjahidin sont emprisonnés au Mali et en Mauritanie. Aqmi est ouvert à la négociation et à l'apaisement. Il est possible et dans l'intérêt des deux parties de trouver une solution.

Il n'y a qu'une seule prise. Nous n'avons pas respecté le texte à la lettre ; corrigeant spontanément une ou deux fautes de français grossières. L'obscurité s'abat sur notre position et ordonne le prompt retour au campement.

Suivent cinq jours d'un ennui absolu mais d'une quiétude relative. Pas d'intimidation et un semblant de liberté, en journée. Nous dormons beaucoup. Deux bidons recyclés d'huile de vidange permettent aux ravisseurs de distribuer un litre d'eau à chacun de nous. Le précieux liquide est prélevé dans les eaux stagnantes de l'oued voisin.

J'imagine qu'il apporte une solide contribution à notre dérèglement intestinal. Quant au pain, j'en découvre la recette en observant les gars. Ils creusent un foyer dans le sable et y placent du petit bois auquel ils mettent feu. La braise bien rouge est écartée du centre de l'ouvrage au profit d'une semoule gorgée d'eau. Du sable doit ensuite recouvrir la préparation avant que la braise ne soit ramenée sur l'ensemble. Tout ça donne du pain ! Un pain fade, croquant et en partie algérien, selon les emballages vides jetés dans la nature.

Je n'en finis pas de me demander si nous avons ou pas gagné le sud de l'Algérie.

Au sixième jour, un nouveau 4 × 4 et une autre équipe viennent nous prendre. En nous cohabitent les mêmes sentiments mélangés. Chaque nouveau mouvement peut annoncer le pire comme le meilleur. Une exécution ou une libération nous attend peut-être au bout de la piste. Nous embarquons les yeux bandés, mais cette fois il me suffit de lever le nez pour voler quelques éléments de décor. Nous roulons un moment, dont une bonne heure sur une pente escarpée, à huit ou dix pour cent, qui débouche sur un immense plateau. Là-haut, émerge un gigantesque amas rocheux, posé là comme un caprice de la nature, comme le travail inachevé d'un dieu mégalo. A moins qu'un géant ne se soit amusé à défier les lois de la gravité en empilant des monstres de pierre d'ocres et de gris mélangés.

Je remarque notamment ce bloc culminant qui ne repose que sur son arête. Aucun architecte ne saurait faire sortir de terre un pareil édifice. Nous faisons plusieurs fois le tour de cette œuvre géologique. A distance et à angles variables, je le reconnais à la précarité séculaire de son équilibre. Chaque tour prend une heure peut-être. Il m'aurait été impossible de deviner que nous roulions ainsi sans avancer si je n'avais pas eu un champ de vision, aussi réduit soit-il. Procèdent-ils ainsi pour nous faire croire à de longs trajets ? Quand notre regard est enfin libéré, nous découvrons ce qui doit être un camp de ravitaillement. Trois barils de deux cents litres sont déterrés devant nous. Deux d'eau. Un d'essence.

Nous passons la nuit ici, le long d'un remblai, toujours enchaînés, toujours au pain et à l'eau, avant de reprendre la route, itinérants, suivant des trajectoires irrationnelles et incompréhensibles. Les mouches tournent en rond quand les rayons du soleil ne les orientent plus. Les chiens le font avant de se coucher au sol. Les fous que l'on veut voir demeurer fous gravitent inlassablement autour de leur pilori. Pourquoi ces islamistes dessinent-ils ces cercles, ces ellipses au milieu de rien ? Pourquoi préfèrent-ils la caillasse et l'étroit canyon à la piste toute proche ? Peut-être cherchent-ils la meilleure tanière. Ils guettent sans doute des contacts ou des rendez-vous. Probablement craignent-ils d'être repérés ou même suivis. A moins qu'ils n'attendent des instructions venues d'ailleurs.

Nous finissons par atteindre un nouveau camp. Ils connaissent forcément ce site que d'autres ont quitté depuis peu. Les derniers occupants ne se sont pas souciés d'effacer leurs traces : boîtes de corned-beef, bois brûlé, etc. Les barbus nous placent entre deux grands rochers de près de quatre mètres de haut. Ces plaques minérales sont si proches l'une de l'autre que nous pouvons tout juste placer entre elles nos deux couchages. Comme un V inversé, les deux rochers se rejoignent au-dessus de nos têtes, nous donnant l'impression d'être sous une tente de calcaire.

Philippe entreprend d'y graver le nombre des jours passés sous l'autorité de ces malades. Je ne sais pas s'il est le naufragé qui veut laisser à la postérité la trace de son calvaire ou le prisonnier qui égrène douloureusement le temps... Il opte pour des séries de quatre traits verticaux, barrés d'un cinquième, oblique. Un vrai cliché. Je préfère renoncer à ce calendrier funeste. Le Coran, bien avant Einstein, a abordé le problème de la relativité de l'espace-temps, indiquant qu'un seul jour auprès de Dieu en vaut mille tels que nous les comptons ici-bas. Je suis à bonne école. Un jour passé ici, c'est un mois en France. Le temps n'avance pas.

Heureusement, pour la première fois depuis le lendemain de l'enlèvement, Philippe et moi pouvons bavarder. Un seul garde nous surveille, à une vingtaine de mètres. Le reste de l'armada de kermesse s'est installé un peu plus loin. Nous refaisons nos vies, évoquons nos peurs, nos regrets, nos familles.

Plus tard, nous avons la surprise de recevoir un carton entier de gâteaux. De fabrication algérienne, les sachets contiennent tous cinq biscuits. Il y en a au moins cent. Philippe se les envoie quasiment tous en un temps record. Je ne cours pas après ce type de biscuits, a fortiori quand ils se font complices d'une soif qui colle à vous comme un vieux sparadrap. Ils m'inspirent par ailleurs une vraie méfiance. Pourquoi ces gâteaux ? Là. Maintenant. Alors qu'aucune attention n'est encore venue soulager notre quotidien. Pourquoi ne pas avoir partagé les pâtes qu'ils ont cuisinées avant-hier ? La viande, je peux comprendre. C'est cher. C'est rare, dans ces coins reculés. Mais les pâtes… J'ai tenté de mettre Philippe en garde. Déjà qu'il trouve mes recommandations envahissantes quand j'insiste, en mère poule, pour qu'il garde son chèche sur la tête, de jour comme de nuit… Ce qu'il ne fait jamais. Mes avertissements sur cette douceur douteuse n'arrivent pas à ses oreilles déjà bien brûlées par le soleil.

Encore secoués, plus émotifs que d'ordinaire, nous nous livrons l'un à l'autre :

— Serge, est-ce que tu penses à ta famille ?

— Et toi ?

— Oui, mais pas comme j'aurais pu l'imaginer.

— C'est-à-dire ?

— C'est fugace. Et de plus en plus rare. J'y pense quelques secondes et puis c'est tout, me dit-il, presque honteux.

— C'est dingue, je me suis fait exactement la même remarque.

L'affect se dissout dans notre réalité. Le vide abyssal qui nous entoure nous absorbe, nous ingère. Le monde a disparu autour de nous. Franchir le cap de la parole nous a fait du bien. Les pensées pour nos proches s'évanouissent doucement dans l'hostilité du désert. L'amour que nous leur portons ne fane pas, ni ne s'assèche. Il demeure. Mais il devient moins fondamental que la vie, tout simplement. Eux ne sont pas en danger. Bien sûr, on peut prétendre devoir survivre pour les siens. Mais quand la question survient, qu'elle est tangible et prégnante, c'est avant tout pour soi qu'on cherche à en réchapper.

Peut-être emporté par cette culpabilité, Philippe se confie plus qu'il ne l'a jamais fait. Il me parle de ce troisième enfant qu'il a eu et qu'il n'a pas reconnu. Une fille qui doit avoir quinze ou seize ans et qui vit dans le Sud avec sa mère, une Africaine depuis longtemps installée en France. Le conjoint de cette femme en est devenu le père officiel. Tous ont trouvé un équilibre mais Philippe envisage de rencontrer cette jeune fille, de gagner son pardon et de s'assurer de son bonheur. Sans rien connaître du contexte, je tiens à l'y encourager, conscient de mes propres failles, auxquelles je suis renvoyé. Fatalement. En l'écoutant et en validant ses intentions du retour, je fais moi-même l'introspection de ma vie, de ce que je n'ai pas offert à ma fille, de mes amours déçues, celles du Brésil ou d'ailleurs, de mes actes manqués… Mon retour aussi devra marquer des changements significatifs. J'en prends la mesure. Et l'engagement. C'est à moi qu'il appartiendra de recréer le lien familial, de restaurer la sérénité de tous, d'honorer mon statut de père et de grand-père. D'être à la hauteur.

La nourriture manquant, nous profitons de bosquets riches en baies rouges semblables à des groseilles ou à l'acérola d'Amérique du Sud. Nous les avons goûtées en toute confiance après avoir vu certains de nos geôliers s'en nourrir. Chaque fois que nous allons aux toilettes, nous procédons au réassort. Le fruit est riche en vitamines et picorer les baies agrémente un peu nos journées.

La nuit qui précède le départ de cet endroit, celle du 28 au 29 décembre 2011, Majka m'apparaît… peut-être invitée par les discussions du jour, qui ont rassuré ma conscience en apportant de sages résolutions. Son visage éclaire soudain la cavité dans laquelle nous nichons. Je la trouve belle malgré le poids des ans, les souffrances et le labeur. Ma grand-mère m'a élevé dès l'âge de six mois et jusqu'à ce que je retrouve mes parents exilés en France, sept ans plus tard. Ma sœur, mes cousins et moi avons partagé le même toit toutes ces années, son toit. Majka signifie « mère » en serbe. C'est dire toute l'importance qu'elle revêt, tout l'amour que je lui porte. Elle se tient devant moi, bienveillante, ici, au cœur de la tourmente. Elle me regarde avec tendresse. Ses yeux sont si clairs qu'on y lit toute la pureté et la profondeur de son âme. J'y vois une sainte. Le fichu invariablement noué sur ses cheveux cendrés et son modeste tablier participent de cette vision iconique, sacrée. Le temps a creusé sur son visage de profonds sillons. Ils écrivent toute l'histoire de sa vie. Sa peau tannée et ses mains calleuses rappellent les réalités paysannes de la Yougoslavie. Il lui a fallu travailler dur, endurer les pénuries et l'autorité du bloc de l'Est, qui l'ont privée de son fils, mon père. Plus tard, beaucoup plus tard, alors que la liberté était gagnée, la guerre a frappé. Juste de l'autre côté de la rivière. Majka ne comprenait pas que les voisins d'hier aient pu devenir ainsi des ennemis jurés. Chaque jour elle remercie Dieu d'avoir épargné les siens pendant le conflit des Balkans. Chaque jour elle lui sait gré d'une vie qu'elle ne voit ni petite ni modeste, qu'elle voit tout simplement moins dure que tant d'autres. Elle a été digne et forte toute son existence. Je ne comprends pas ce que Majka fait avec moi, dans cette prison sans murs, au fin fond de l'Afrique, elle qui n'a jamais quitté son village. Sa présence me chauffe le cœur. Si c'est un rêve, je veux qu'il dure, quitte à ne jamais me réveiller. Si c'est vrai, elle me donnera l'énergie et la volonté de me battre, même si les choses doivent mal tourner. Peut-être me soufflera-t-elle des solutions pour me libérer de ce guêpier. Moi, *Buco*, « petit costaud », ainsi qu'elle m'appelait, je m'enveloppe de son réconfort comme on s'enroule dans une couette.

— *Ćuti sine* (« Ne dis rien, mon fils »), me murmure-t-elle.

Même dans cet autre espace-temps, je lui obéis. Les images se mélangent. La petite ville de Loznica, dans la campagne serbe, ma sœur, les quatre cousins, la petite maison, le grand-père taillant la pierre… Je crois même reconnaître l'odeur du jardin, celle de la floraison de printemps, l'écho de la grande cuisine où nous nous retrouvions tous dès la fin d'après-midi. Le diaporama s'accélère soudain et trouve pour épilogue une couverture verte « made in Japan », plongée dans la pénombre, sale et pleine de sable. J'ai rouvert les yeux. Je suis revenu au présent. A la réalité. Philippe est déjà réveillé. Il comprend que je viens de loin. Il tient à traduire cet étrange voyage que je lui raconte, ces retrouvailles avec Majka. Il aime l'interprétation des rêves, n'hésitant pas à se lancer dans des élucubrations qu'aucune science, aucune chapelle ne cautionnerait.

A en croire la conduite du 4 × 4, maintenant sans hésitation, un point bien précis doit être atteint en temps et en heure. Deux journées entières de route.

Je n'essaie même plus de jauger les directions choisies ou les kilomètres parcourus. Tout comme je ne compte plus les jours, je ne cherche plus le nord. Le 30 décembre, nous débarquons le long d'un oued désolé, accidenté, semblable à tous les oueds rencontrés depuis cinq semaines. Nous ne sommes jamais venus ici. Aucune trace de civilisation autour de nous. Nous sommes seuls. Seuls au monde. Pas même un avion pour matérialiser le passage de l'homme, ne serait-ce qu'une traînée blanche dans le ciel. On nous présente nos « chambres »... troglodytiques : deux mini-grottes, petites cavités rocheuses et mitoyennes, ouvertes sur un oued. Nos matelas y entrent péniblement. La mienne doit faire quatre-vingt-dix centimètres de haut. Celle de Philippe à peine plus.

Nous y dormons avant de rallier, le lendemain et à pied, un oued voisin dévoré par le sable. Il me semble que les hommes ont changé, une fois encore. L'attitude aussi. La gestuelle est plus ferme, plus musclée. Deux barbus nous attachent solidement, Philippe et moi. Dos à dos. Ils nous assoient sur un promontoire de pierre. Un troisième installe une lourde mitraillette sur un trépied. Son regard vante toute la force de l'engin, peut-être trop gros pour être porté à bout de bras. Nous assistons aux préparatifs de notre propre fusillade. Ça sent le roussi. Vraiment. Nous sommes la cible d'une espèce de sulfateuse qui vomit des cartouches plus épaisses que mes doigts. Elle vaut à elle seule dix pelotons d'exécution. Philippe et moi restons muets, transis. Je peux presque sentir les battements de son cœur tambouriner le long de ma colonne vertébrale. La pression monte encore d'un cran quand ils nous bandent les yeux. Ils le font précautionneusement. Impossible de voir quoi que ce soit. Même en levant le nez. Alors, ici se termine la route, me dis-je. Dans ce putain de désert à la con. Avec ces illuminés… Je ne sais plus si je dois craindre la douleur plus que la mort ou la mort plus que la douleur. Je ruisselle. Nous n'implorons rien. N'attendons ni compassion ni clémence. Pourquoi d'ailleurs implorer la clémence ? La clémence du juge sous-entend la faute. Quelle faute avons-nous commise ? Ma vie doit-elle finir ici, dans ce trou ? Je préférerais ne pas avoir ce bandeau sur les yeux, pouvoir fixer du regard le gars qui pressera la détente ; défier ses souvenirs futurs et agiter à jamais sa conscience d'homme.

Une première rafale fuse. Je sens mes os s'entrechoquer, faire écho, ma conscience s'engourdir. Tout s'arrête pour quelques secondes, dans le silence. Je bouge une main, puis la seconde, et une à une toutes les parties de mon corps. Je ne suis pas mort. Je ne suis pas blessé. Philippe se livre au même constat. Quelques rires gras s'élèvent de l'oued. Après la nudité, la peur, une autre nudité, finalement. L'humiliation fait leur bonheur. Elle remporte toujours un franc succès. Un type met fin à la récréation, ordonnant sèchement une nouvelle mise en joue. Le silence revient. Une rafale claque de plus belle. Plus longue, celle-là. Un froid curieux m'engloutit, me paralyse. Je suis tétanisé. Cette terreur est furieuse. Hideuse. Honteuse. Pourtant je suis indemne. Pas une égratignure. Quoique aveugle, je vois les fous se délecter de cette jouissance sadique, de cette toute-puissance bénie de leur Dieu. Ils ne tirent pas à blanc. Ils tirent autour de nous, très fiers de ces jeux du cirque à la sauce djebel. Ils en raffolent tant qu'ils font durer le supplice plusieurs heures. Silence. Rafale. Silence.

Rafale. Silence. Rafale. Rafale… Chaque fois, ils laissent croire que le tir suivant peut être le bon, le mauvais plutôt, enfin le fatal. La symphonie est ponctuée d'interludes voués à relancer la peur si la fatigue vient à prendre le dessus : un coup de téléphone reçu et conclu d'une approbation, une dispute feinte et terminée d'un simulacre de consensus… Qu'on en finisse, me dis-je, figé dans la crispation, dans cette indicible angoisse. Qu'on en termine avec cette roulette russe à la con !

Complètement essorés, psychologiquement et physiquement, nous sommes enfin ramenés au camp. Hagards. Paumés. Nous y retrouvons notre tandem : le grand rondouillard à la voix de Philippe Noiret et le petit tassé. Etonnamment, je suis rassuré de retomber sur ces visages familiers. Ces deux-là ne nous avaient pas maltraités. Peut-être seront-ils un peu plus tranquilles. Tandis que le gros est avachi sur un rocher, le petit nous passe au détecteur, à la manière des équipes de sécurité aéroportuaires avant l'embarquement. L'appareil diffuse sur la peau une petite lumière verte. C'est absurde. Que peuvent-ils bien trouver sur nous après tant de jours passés dans le désert ? Ont-ils oublié qu'ils m'ont embarqué complètement à poil ? Peut-être cherchent-ils des micros ou des balises sous-cutanées. Quelle idée !

Une fois l'inspection terminée, le gros se lève

et me désigne de son index tendu, de son ongle noir crasseux :

— Frappez-le !

Ce n'est pas de l'intox. Ni de l'intimidation. C'est un ordre. Pas de doute, les sbires vont obéir avec zèle. Comme dans la fraction de seconde qui précède un accident, mon corps et mon esprit se préparent. Fatalité, peur, incrédulité, autodéfense… tout s'entremêle en un éclair et déclenche une décharge électrique qui me tétanise, brouille la réalité.

Plusieurs types me saisissent instantanément et me bandent les yeux. Les coups se mettent à pleuvoir de toutes parts. Leur violence me projette au sol, sur le flanc. Je ne vois rien mais je ressens précisément le cinglement des ceintures, la dureté des câbles, l'hystérie des coups de pied et des coups de poing. Pas une seconde de répit. Chaque douleur est suivie d'une autre, plus vive encore. Je ne trouve plus mon souffle. Je me recroqueville pour m'inventer une carapace. Les frappes les plus féroces raidissent mon corps et l'exposent à nouveau. Je voudrais protéger ma tête entre mes coudes. Mais mes mains sont liées dans mon dos. Je suis enchaîné. Mon esprit vacille. S'embrume. La peur panique s'évapore doucement. Je me sens basculer vers une inconscience que j'accueille avec soulagement. Je suis toujours là, éveillé, mais maintenant insensible au tabassage. Tout est cotonneux. Je suis sur le ventre. La meute a enfin lâché sa proie quand la voix de Philippe Noiret résonne. Je ne l'oublierai jamais :

— Tu préfères une balle dans la tête ou qu'on t'égorge ?

J'opte pour la balle. Plus propre. Plus rapide. Est-ce audible ? L'ai-je pensé ? L'ai-je vraiment dit ? Je l'ignore, tant je suis secoué. Même parler m'est difficile. On me laisse un moment quasiment évanoui, jusqu'à ce que le petit tassé intervienne en français pour être certain que je comprenne quand il s'adresse à Bouari :

— Ils ont creusé. Le trou est prêt. On peut y aller.

— OK, vous pouvez tirer, lui répond la voix de Philippe Noiret.

Trois coups de feu, de revolver cette fois, traversent l'oued. Du bluff ! Encore du bluff. A moins que… Mais bordel, où est Philippe ? Je suis toujours au sol. Concentre-toi, me dis-je. Reprends tes esprits.

La bastonnade a fait sauter mes liens. Je me traîne jusqu'à un rocher voisin sur lequel je peux m'appuyer. Mon bandeau est trop serré et mes mains sont trop faibles pour ne serait-ce que tenter de sortir de cette cécité complète.

— Philippe ! Philippe !… hurlé-je.

— Serge ! T'inquiète ! Je suis OK. T'inquiète.

Et toi ? me demande-t-il, à quelques dizaines de mètres de l'endroit où je me trouve.

— Ils m'ont passé à tabac, les ordures...

— Attends...

Il est stoppé net.

Encore des tirs.

— Philippe ! Philippe...

Ma voix s'éraille. Philippe ne répond plus à mes appels. Je sais qu'ils l'ont tué. Lâchement. Pour rien. Je reste là, contre ce rocher, pendant près d'une heure encore, jusqu'à ce qu'on libère mes yeux. C'est Bouari. Il me fait comprendre que c'est terminé. Le petit tassé est là. Accompagné du grand rondouillard, il se tourne vers Bouari.

— On revient demain et on continue le travail.

Je suis trop ébranlé, trop épuisé pour craindre la menace d'un lendemain bien lointain. Hypothétique même. Seule une transe étrange me donne l'énergie de quelques mouvements. Je me redresse un peu plus et demeure là, prostré. La nuit est tombée. Les barbus préparent leur repas. Quelque chose me gêne sur la nuque. J'y passe la main. J'en ramène une lourde goutte qui perle sur mon pouce. Machinalement, je la porte à mes narines. J'y retrouve la même odeur que dans les braises de Hombori, celle du scorpion. Est-il possible qu'un scorpion dépose ainsi son venin sur moi sans me piquer ? J'ai le sentiment, malgré les coups, malgré les maux, d'avoir été protégé.

Par qui ? Une force céleste ? Majka ? J'ai résisté à tout ça.

Lorsque je me réveille, au petit matin, je suis allongé sur mon tapis de sol, sans savoir si je m'y suis traîné ou si on m'y a ramené. Mes mouvements et mes gémissements répétés font venir un homme dont j'entends les pas approcher. Philippe surgit, tel un ange, dans la lumière éblouissante du dehors. C'est bien lui. Je ne dors pas. C'est bien lui. Je suis hébété. Le revenant s'enquiert immédiatement de mes blessures, s'inquiète de possibles fractures à réduire ou de plaies à cautériser. Il songe alors à la vaseline et n'hésite pas à m'en enduire le dos. Il m'explique avoir été tenu au silence par le bâillon sans avoir fait l'objet d'aucune violence. J'apprécie de le voir si soucieux de ma santé. Nous nous serrons les coudes. Il me rappelle que nous allons quitter 2011 la nuit prochaine ; 2012 s'ouvre sous d'étranges auspices…

Plusieurs jours se sont écoulés, les premiers de 2012. Ils ont été rythmés de nouvelles violences. Les menaces ont été mises à exécution, à raison d'une séance par jour. Ça ne doit même plus amuser nos geôliers. Ils ont beau me crier d'avoir peur, je ne les entends plus. Je suis devenu insensible à l'angoisse et à la douleur, au point qu'ils envisagent de se rabattre sur Philippe. Je dois négocier et démontrer l'intérêt de s'en tenir à moi. Philippe s'affaiblit. Il dépérit. Il tremble. Notre dernier échange digne de ce nom remonte aux soins qu'il m'a prodigués. Il s'était alors étonné de la cicatrisation de mes blessures.

« C'est bon à savoir, Serge, la vaseline, c'est miraculeux. Ils t'avaient labouré le dos, et là, tu n'as quasiment plus rien !

— Le miracle, c'est toi en infirmière. »

Philippe requiert pourtant plus de soins que moi. La température de son corps a chuté. Même aux fortes chaleurs de l'après-midi, il reste frigorifié, allongé, blotti dans sa couverture et silencieux sous l'abri en forme de V inversé auquel nous sommes revenus. Quelque chose ne tourne pas rond. Bouari le sait aussi. Il nous rapporte d'abord une tablette de comprimés blancs. J'en prends une dizaine, espérant qu'ils me requinqueront. Philippe en ingère plus encore. Mais rien n'y fait. Son état ne s'arrange pas. Au contraire. Je comprends qu'il essaie de tirer parti de sa santé chancelante. Il dit à Bouari souffrir d'un cancer de l'estomac ou d'une saloperie de ce genre. Il va, prévient-il, devenir un poids voire un risque. Notre valeur marchande s'annulera rapidement si rien n'est fait. D'autant que je suis souffrant, moi aussi. A l'opposé de Philippe, je suis souvent gagné par une chaleur inexplicable, qui irradie tout mon être. J'ai l'impression qu'un radiateur m'a été implanté dans les chairs, l'impression de me consumer. A en devenir fou. A penser m'ouvrir le buffet pour qu'enfin il refroidisse. Je repense à leur pain, à leurs gâteaux, à leurs pilules… Et s'ils nous empoisonnaient ? Une telle détérioration de nos organismes ne peut être la conséquence des seules conditions de détention. Je ne peux le croire. Et puis je n'en peux plus d'être enchaîné chaque nuit, d'avoir les yeux bandés à chaque déplacement. Tout contribue à l'étouffement, à l'asphyxie. Je finirai mutilé par les conditions de captivité, la bouffe, les nuits en plein air, l'absence d'hygiène plus que par les coups de ces pourris.

Peut-être inquiet de la dévaluation possible de ses otages, Bouari nous fait rencontrer un médecin, à quelques kilomètres du camp, à la jonction de deux pistes, au milieu de rien. De type maghrébin, l'homme dispose du matériel de base. Il fait une injection à Philippe dans le haut de la fesse et lui laisse de quoi renouveler l'opération lui-même le lendemain et le surlendemain. Le liquide blanchâtre ne m'inspire pas, mais Philippe se laisse manipuler en patient docile. Quant à moi, on prend ma tension et on me prescrit de nouveaux cachets : de l'aspirine, me dit-on. Le tensiomètre rend des valeurs qui surprennent le doc. Soit il dysfonctionne, soit ma survie ne s'explique pas…

Cette parenthèse médicale ne change rien. Philippe ne s'administre pas le produit laissé par le toubib. Il fait semblant de se piquer. Pourtant le plus sceptique des deux, j'avale toutes les aspirines, parce que accablé par des chaleurs encore grandissantes. Résigné, convaincu que je ne risque rien de pire que le calvaire de cette incandescence devenue chronique.

Quelques jours plus tard, alors que je suis terré dans mon trou, mon attention se concentre sur la couverture « made in Japan » verte, qui ne m'a pas quitté. Je la vois se rétracter, se contracter à mon contact. Comme se consumant, elle aussi.

Je suis allongé. Une horrible fournaise me submerge. Je brûle de l'intérieur. Une force, une réaction chimique, que sais-je ? Quelque chose nourrit un brasier organique dont mes os et mes entrailles seront les scories. Cette chose m'immole, me tranche des morceaux de bras, puis des morceaux de jambes. Mon corps part en lambeaux. On le découpe section par section. Quartier par quartier. Je suis en décomposition. Je le vis physiquement. Je ne sais rien ni de l'agresseur ni de sa méthode. Son œuvre est pourtant tellement tangible. Son orchestration tellement diabolique. Tout est irrationnel, mais d'une réalité terrifiante. Ma carcasse décharnée va bientôt disparaître. Seule subsiste ma gorge que je supplie qu'on coupe pour que soit mis fin au supplice. Puis je sombre dans un état second, peut-être un coma, je l'ignore. Plus léger, je me sens alors virevolter, attiré par la vivacité de la lumière extérieure. Ma dépouille a disparu. Cette grotte, bouche minérale, goulue et fétide, l'a avalée. Elle a été ma tombe. Le désert m'a absorbé comme il aurait dissous dans son sable un simple verre d'eau.

La pleine conscience ne me revient pas avant deux mois, d'après les calculs de Philippe. Aucun souvenir de cette espèce de démence.

Mon réveil n'a rien à voir avec celui d'une fin de nuit. Il ne ressemble pas non plus à l'après-coma. Il est autre, plutôt comparable à la gueule de bois qui suit une cuite. Les yeux s'ouvraient et se fermaient, mais ils ne disaient rien de mon état. Mon être a continué à vivre et à se mouvoir comme un somnambule, mais mon esprit était ailleurs ; Dieu seul sait où. La maîtrise de mes sens me revient tandis que le brouillard se dissipe. Mais elle ne ramène avec elle aucun souvenir. Je mesure la portée psychiatrique de l'épisode. Philippe, cette fois, n'est même pas en mesure d'entourer ce lent réveil. Il est grabataire, enfoncé dans sa grotte et caché sous plusieurs couvertures, recroquevillé. Il m'a balbutié péniblement la date approximative du jour. Je m'étonne qu'il puisse en être capable dans un pareil état. Est-ce qu'il tient seulement à jour la durée de notre détention ?

Le voir ainsi m'affecte profondément. Je suis impuissant. Mes mots, mes attentions restent sans effet. A mesure que la lucidité me revient, l'envie de vivre me quitte. Je ne veux pas attendre la mort. Ni la mienne ni celle de Philippe. Et je ne veux plus me battre pour la vie. Les barbus sont allés trop loin. Philippe ne s'en remettra pas, sauf à être libéré sur-le-champ. Et moi, je ne suis plus que l'ombre de moi-même. L'anéantissement de l'espoir. L'abolition des perspectives. Ce désert qui jamais n'en finit. J'ai raison de craindre pour ma raison. La seule issue et la seule paix possibles doivent être la mort ; qu'elle me destine à l'éternité, au paradis, au néant ou aux ténèbres. Je ne veux des bras d'aucun dieu, c'est ma seule certitude. J'accepte volontiers ceux de tous les autres.

Les jours passent. Je vois Philippe s'éloigner. Je complote avec ma propre mort. Ensemble, nous fomentons le départ.

Le soir, je m'extasie du spectacle qu'offre le ciel du désert. Je m'y perds, plutôt. L'homme que j'étais avant y aurait puisé force et vitalité. Il serait allé cueillir dans ces scintillements sans fin l'énergie d'y croire encore. Celui d'aujourd'hui y voit le théâtre de sa mort prochaine. Il se complaît dans cette prophétie morbide rendue éclatante par le parterre d'étoiles. Qu'importe cette fin prématurée ? Il suffit de me planter le nez au ciel pour prendre la mesure d'une vie. Les nuits d'Afrique sont si pures qu'elles nous rappellent à l'humilité. La voûte céleste redessine toute la rondeur de la planète. Les étoiles y descendent si près de l'horizon qu'on pense pouvoir les toucher. Souvent, je songe à décrocher de ce tapis monumental la mauvaise, celle qui nous a poussés, Philippe et moi, jusqu'à ces fous. Comment la reconnaître ? Certaines, dit-on, sont déjà mortes alors qu'elles brillent à nos yeux. Notre mauvaise étoile est bien vivante, je le crains.

Vient le moment que je sens monter en moi depuis des jours, celui où la colère dépasse le stade des idées noires. Je m'empare d'un bout de bois qui me paraît solide. De l'acacia peut-être. Une vingtaine de centimètres. Avec un caillou tranchant, j'en affûte l'extrémité pour qu'elle dessine une pointe aussi saillante que possible. Je m'applique à être rapide et précis. Je ne veux pas que ma conscience enraye mon projet. Je ne dois pas gamberger. Avec rage, je m'enfonce sous le sternum cette arme sommaire du naufragé. Tandis qu'une main maintient l'arme sur sa cible, l'autre frappe comme une masse. L'objet s'est introduit sous la peau. Il me semble pourtant que rien ne se passe. Je le ressors de ce qui n'est pas une plaie mais un simple trou et le replante, plus vigoureusement encore. Au même endroit. Cette fois, c'est avec une pierre que je frappe, à l'autre bout du morceau de bois. Je ne souffre pas, alors même que je ressens une longueur significative me transpercer le ventre. Epuisé, je n'arrive plus à frapper. Je ne comprends pas. Je ne suis pas mort. Tout est confus. Les images sont troubles, crues. Elles balancent entre délire et réalité. La mort ne veut pas de moi, quand bien même je ne voulais plus de la vie. Elle joue avec moi comme le chat qui retarde l'exécution de sa proie pour le seul plaisir du jeu. Je m'enlève du sternum l'épée d'acacia et je la jette avec un geste de colère. Essoufflé. Blessé. Sidéré. Pourquoi mon heure ne veut-elle pas sonner ?

Plus tard, obstiné, je récidive. Je m'assure d'être à l'abri des regards. Je me cache même de Philippe, qui va un peu mieux – moins comateux mais toujours silencieux. Je creuse dans le sable caillouteux et j'y dissimule la petite galette qui fait notre repas quotidien. Depuis notre arrivée dans cet autre camp, je jeûne à l'insu de tous. Un jeûne absolu. Radical. Pas d'eau. Pas de nourriture. Je n'ambitionne pas le chantage par la grève de la faim. Cela n'émouvrait pas une seconde mes geôliers – dont je ne comprends décidément pas la stratégie. Pire, ça me vaudrait des violences supplémentaires. J'essaie de mourir, plus simplement. Mais si les vertiges et les maux de tête se font plus nombreux, mon état général donne rapidement quelques signes inattendus d'amélioration. Avant même de recommencer à boire, puis à me nourrir, je récupère une énergie et une mobilité puisées je ne sais où. Serais-je un condamné en rémission qui voit sa faiblesse se dissiper avant l'agonie ? Un sursitaire ou un miraculé ? Et si un message m'était délivré ? Oui, ce doit être un message, un signe qui appelle au combat. Il m'appartient de le comprendre, d'en tirer le comportement adéquat. La providence se tourne vers moi. Ces salauds ne se goinfreront pas sur ma dépouille. Ils ne se féliciteront pas de leur pouvoir. Je les vomis.

En Serbie, les familles pleurent leurs défunts autour d'un grand repas. Elles laissent ce qui n'est pas consommé sur les tombes, au bénéfice des démunis. Je l'ai vécu cent fois aux côtés de mon père, tailleur de pierres funéraires. La perspective que ces ordures célèbrent ma mort en rotant sur mon cadavre me terrifie.

Ce sursaut, dont je ne veux pas, me permet de prendre la mesure du jubilé qui se présente. Un festival célèbre les dernières gardes de Bouari dans ce nouvel oued : roulette d'Aqmi (la fusillade qui ne vous fusille pas), passage à tabac, coups de crosse et de câble électrique, dilemme ô combien éculé de la gorge tranchée ou de la balle dans la tête, etc. Le site est rocheux et accidenté. A coups de pelles, les types libèrent un gros rocher qui laisse dans le sable dur une forme biscornue. Ils désignent cette espèce d'alcôve comme notre couche.

Au terme du quatrième jour dans cet endroit, Bouari s'octroie un plaisir quasi orgasmique. Il avait choisi Philippe, mais j'ai insisté pour prendre sa place – une seule de ces séances le tuerait. Le type s'est donc tourné vers moi, sans un mot. Devant trois ou quatre petites mains amusées, il se délecte. Il marche sur ma tête, puis y pose de lourdes pierres. Tout ce qui nous entoure est envisagé comme l'instrument d'une torture inventive. Créatif, ce Bouari ! J'encaisse. Je porterai longtemps les traces de nos adieux.

Le lendemain, usé par les coups, je m'effondre entre deux rochers. Ma tête porte violemment. Je suis sonné.

Les matons qui suivent paraissent plus vieux, plus aguerris, ils ressemblent à des guerriers au repos, en transit avant le départ vers un nouveau front. Ils se désintéressent de nous et s'acquittent avec moins de zèle de leur mission de surveillance.

Nous y trouvons d'autant plus de « quiétude » qu'ils nous ramènent à l'un des camps que nous avons occupés, celui des rochers en forme de V inversé. Je retrouve du tonus et avec lui le besoin de mettre à profit cet inattendu regain de vitalité. Le moment est peut-être le bon pour amorcer un cycle vertueux. Tuer le temps et les névroses. Reconquérir mon corps. M'assigner des objectifs et les tenir… Je commence à m'entretenir à raison de trois heures quotidiennes d'exercices physiques. Une au lever. Une l'après-midi. Une le soir. Je cumule les pompes, travaille les abdominaux, me contrains aux étirements. Philippe s'y essaie, mais sans conviction. Il abandonne vite.

« Pas mon truc », a-t-il lâché, résigné.

Cette discipline agit favorablement. Autant sur mon moral que sur mon état physique. Porté par cette dynamique, je veille à me couper les ongles et même les cheveux, avec le couvercle tranchant d'une boîte de conserve. C'est comme si je reprenais progressivement possession de mon corps. Mon sommeil est maintenant moins mauvais. Les troubles digestifs moins constants. Il m'arrive même d'éprouver la frustration sexuelle. Je me berce alors du souvenir de la tendresse de Mei.

Je l'ai rencontrée au hasard de mes courses à Belleville, quelques mois avant mon départ pour le Mali. Plusieurs fois, je suis passé devant le bric-à-brac qui l'emploie, jusqu'à ce que je me décide enfin à engager la conversation. Notre histoire a commencé aussi simplement que ça. Je doute qu'elle attende mon retour, mais je pense à elle. Elle m'aide à m'évader. Ma petite Asiatique, venue du centre de la Chine. Presque pour moi. Elle est belle. Elle est nue. Ses longs cheveux bruns gagnent le creux des reins. La courbe de son dos, la rondeur de ses seins, sa peau de soie sont la traduction charnelle de sa douceur. Elle me regarde. Ses yeux promettent un amour sans faille. Ses doigts, longs et fins, annoncent d'audacieuses caresses. Son sexe dessine un triangle parfait, noir, un jardin d'Eden dans lequel je vais pouvoir m'abandonner. Nos corps se mélangent. Ma queue se tend, gonfle. Je me sais pourtant à quatre mille kilomètres de ce privilège, enfermé dans l'immensité. Je me fais une promesse. Je la tiendrai, quels que soient les manques. Quelles que soient les pulsions. Jamais je ne me branlerai ici sur le souvenir de ma femme. Jamais dans ce putain de désert. Jamais à proximité de ces fêlés. En revanche, eux devraient y penser, à la masturbation, me dis-je en souriant. Mes pensées digressent étrangement sur la question. Il paraît que la masturbation leur est interdite. J'imagine leurs épouses, les retrouvailles… Surtout quand ils reviennent de longues campagnes entre hommes. Je ne peux m'empêcher de les voir comme des désaxés.

En plus de mes exercices physiques, je me suis mis à confectionner des objets en tissu ou en bois. Je crée d'abord un fourre-tout, une sorte de bourse faite de tissus noués, qui me permettra de trimbaler mes quelques trésors. Le patchwork est bizarre mais efficace. Quant au bois, je le cisèle avec ce que le djebel m'offre de plus tranchant. Mon couvercle de boîte de conserve assure les finitions.

Ainsi, durant trois jours pleins, je travaille à la fabrication d'un avion qu'aurait pu imaginer

Saint-Exupéry pour son petit prince. J'y mets un soin méticuleux, comme pour préparer mon propre redécollage. Tous les détails sont là : le moteur, les roues, les volets. L'œuvre est imposante. Peut-être quarante centimètres de long et presque autant d'envergure. Et si un gamin extraterrestre venait à ma rencontre pour me demander de lui dessiner un mouton ? Il se confronterait au monarque de l'obscurantisme. Contrairement à celui de Saint-Ex, le roi d'Al-Qaïda n'exerce pas son pouvoir absolu sur un seul rat mais sur des milliers, dont la prolifération est une arme. Mais je ne rencontrerai pas l'enfant sauveur ni même l'allumeur de réverbères ou le buveur. Je garde quelque espoir pour le renard.

Agacé de me voir tellement absorbé par mon chantier aéronautique, un des barbus au repos s'approche. Il parle un peu le français. Je le vois impressionné. Mais tout autant désireux de souligner son autorité.

— Arrête avec ça, m'impose-t-il.

— Il est beau, non ?

— Arrête avec cet avion.

— OK, j'arrête. Tiens, je te le donne. Tu as des enfants ? Prends-le. Ça leur fera un cadeau.

Cet enfant de salaud s'empare de l'aéronef et le fracasse contre une pierre avec une rage surjouée. Puis il le piétine, pour être sûr qu'il n'en subsiste rien. C'est stupide. L'objet n'a aucune valeur. Pourtant, le voir ainsi en miettes me fait mal. Comme si mon départ était compromis. Je me contiens pour ne pas réduire ce fumier en bouillie. Le Lockheed P-38 Lightning de Saint-Ex a fait l'objet de recherches incessantes. Mon avion, désormais en morceaux, devrait mobiliser moins de moyens... Sans enthousiasme, je continue toutefois de travailler le bois. Je taille des crucifix pour Philippe. Les Sarrasins détruisent une à une les œuvres du croisé.

J'ouvre les yeux ce matin plus tard que d'habitude. La lumière indique que le soleil est déjà haut dans le ciel. Philippe et moi sommes dans le même camp mais sous deux abris différents, séparés d'une vingtaine de mètres. Je m'étonne de n'avoir pas été réveillé par les gardes. Deux serpents partagent ma tanière. Je ne suis pas un spécialiste mais je les imagine dangereux. Tout près de mon épaule, je crois reconnaître une vipère à cornes quand bien même celle-ci n'a pas les deux écailles caractéristiques plantées sur la tête. Sa robe imite chaque nuance du sable. Même l'iris de ses yeux en copie la palette. Je ne me sens pas en péril. Je suis calme et veille à ne pas faire de mouvement brusque. Je me redresse doucement, autant que l'abri exigu me permet de le faire. A mes pieds, dans une même posture enroulée, se tient une autre vipère. Aspic peut-être. Elle est clairement d'une espèce différente. Me voyant remuer, les deux serpents prennent la fuite. Avec une vivacité effrayante. Dans le désert, les anciens disent que tu es déjà mort quand tu vois la vipère à cornes. J'ai le sentiment d'une incompréhensible immunité devant la menace animale. Plus énigmatique, mystique même, mon sentiment est que j'accède à une espèce de communion avec la vie sauvage. Les deux corbeaux qui nous suivent en sont un autre signe. Ils sont apparus il y a plusieurs semaines, trois ou quatre oueds plus tôt. Je me souviens avoir vu en eux, la première fois, un augure plus noir que leur plumage. Les deux compères ont le comportement de vautours. Gras et lourds, ils se repaissent des restes que laisse derrière elle notre cohorte, et c'est ce qui explique leur fidélité. Ils guettent peut-être un reliquat plus conséquent. Un cadavre, c'est sûr, ferait leur bonheur.

C'est maintenant un certain « Mohamed » qui dirige le groupe. Il me fait venir. Il a le nez plus ou moins aquilin et les pommettes saillantes. Il ne porte pas de turban et laisse visibles ses larges boucles brunes. Il a la trentaine. Il me fait asseoir sur le sol.

— Tu as essayé de t'échapper cette nuit. Ton collègue nous a tout dit.

— M'échapper ? Tu vois que je suis bien là. Devant toi. Non, je n'ai rien tenté.

— Tu mens.

— M'échapper pour aller où ? C'est n'importe quoi. T'as besoin d'un prétexte pour me frapper ? Les mecs d'avant ne s'emmerdaient pas autant. Vas-y, fais-toi plaisir. A moins que tu ne cherches à créer des embrouilles entre Philippe et moi. Si c'est ça, tu perds ton temps. Tu as vu son état. Il a replongé. Il est malade. Vous allez le perdre si vous ne faites rien.

— Ferme-la. Tu mens. Tu n'es qu'un mécréant. Un mécréant qui tue des musulmans. Tu aimes ça, hein… tuer des musulmans, égorger leurs enfants, violer leurs femmes… Tu en as tué combien ? Dix ? Cent ? Mille ?

— Mais qu'est-ce que tu racontes ? Je n'ai jamais tué personne. Musulmans ou pas.

— Je sais tout. T'inquiète, on va te soigner.

Les accusations sont violentes, mais je ne les comprends pas. Pas pour le moment en tout cas…

Mohamed est un parfait disciple de Bouari. Il sait, comme les autres, organiser ces roulettes maliennes. Il sait taper, aussi.

Nous sommes à la mi-journée. La chaleur devient plus moite. Je suis assis sur le rocher qui fait mon abri. J'y compte mes bleus. L'horizon s'assombrit. Une tempête de pluie s'avance. Elle déferle comme une vague sur le désert. Les nuages noirs et compacts engloutissent le lointain, armés de hallebardes d'eau. Noé réunirait ses protégés sans tarder. Il y a dans cette atmosphère de fin du monde quelque chose de grandiose qui évoque ces tableaux flamands qu'on voyait dans les livres d'école. Nous serons bientôt happés. Je m'en délecte. Il fait presque nuit. On dirait une éclipse. La pluie diluvienne qui s'abat maintenant sur nous me fait basculer dans l'hystérie. Je me lève, danse, saute, salue cette ondée comme une bénédiction, bras tendus vers le ciel. Le tableau organise une composition graphique mouvante faite d'impensables subtilités chromatiques, de gris, d'ocres, de jaunes, de bleus, de nacre. Il ne saurait exister de douches plus exceptionnelles, plus dantesques que celle-ci. J'enlève le haut de ma tunique. Bientôt le bas. Les maudits s'amusaient à voir mon cul. Je me plais ici à le leur exhiber ! Je me lave, frotte, brosse. C'est un bonheur. J'exhorte Philippe à me rejoindre.

— Putain, ce que c'est bon ! Viens leur montrer ton cul, toi aussi. Allez, Philippe. Ça te fera du bien !

Il reste terré sous ses couvertures. Les types s'agitent et s'affairent à abattre une vipère dont ils m'apportent la tête, histoire de me calmer. Mon excitation tombe d'un coup. L'animal était énorme, ses crocs hallucinants.

Durant plusieurs semaines, les pluies se répètent tous les deux ou trois jours, avec la même intensité. Le désert se pare d'une végétation insoupçonnable. Des fleurs y éclosent comme par miracle en milliers de petites taches vertes surmontées de mauve. Des oiseaux jusque-là muets ou invisibles font entendre un chant flûté. Un tapis de verdure s'invite au djebel. Mais derrière le panorama la réalité détrempée de notre quotidien se fait encore plus problématique. Nous ne séchons jamais vraiment. Nous baignons dans l'humidité et n'en sortons plus. Les mycoses surviennent. Les nuits nous glacent.

Je m'active plus encore. Ils m'y autorisent. Chacun trouve son compte. Eux se déchargent sur moi des quelques corvées qui leur incombaient. De mon côté, je gagne en liberté. Tout particulièrement celle du mouvement. Je pars chercher de l'eau, du bois. Le prépare pour le feu. J'admets ma condition d'esclave.

Etre actif, se mouvoir, c'est être vivant ; y compris dans la servitude. Ces islamistes ont su fabriquer mon consentement, ma soumission à l'autorité. Ils ont reconditionné mon libre arbitre, lavé mon cerveau. Le choix de ces conditions de survie n'est pas autonome. Il est la conséquence d'un long processus qui a fini par affecter ma capacité d'analyse. Peut-être même par l'annihiler. Mon esprit est purifié, rectifié pour une docilité que je m'imaginais bien incapable d'observer. Le lavage de cerveau est une manipulation mentale et comportementale qui se nourrit d'une relation tyrannique entre le dominant et son dominé, repéré ou rendu vulnérable. Et ces salopards, si prompts à me foutre à poil, sont passés maîtres dans cet art manipulateur de la guerre. On ne cherche pas ici à me remettre dans une droite ligne idéologique. On ne cherche pas non plus à réformer mes convictions ou à me convertir. Mais on cherche à m'assujettir par l'isolement, l'humiliation, les violences verbales ou physiques, la torture, tout cela exercé avec régularité. On cherche à me vider. Et ça marche... Je plie, moi qui me croyais indomptable, moi le sauvage, moi le « colosse »... Les tensions qui raidissent ma carcasse et me brûlent l'estomac sont en fait les seules et les dernières expressions de mon refus, confirmant que je suis encore vivant. Sans véritable libre arbitre mais vivant. Comme j'ai cédé, je suis récompensé par mes manipulateurs comme tous les « lavés cérébraux » qui finissent par donner satisfaction… J'obtiens de prendre en charge quelques-unes des tâches du quotidien. Et je m'en satisfais.

Ce soir, il me faut apporter et préparer davantage. On attend du monde. J'en ai tout juste fini quand deux types arrivent, les gueules patibulaires. Ils sortent tout droit d'un mauvais polar, avec chacun le même tatouage sous l'œil gauche, une étoile au-dessus d'une lune. Je n'avais jamais vu ces signes auparavant et en ignore le sens. Probablement l'appartenance à un groupe. A une communauté. Les deux gars ne sont pas venus les mains vides. Ils nous remettent deux cartons pleins de denrées plutôt haut de gamme. On y trouve de la confiture, des gâteaux bio, des Kleenex et même du papier-toilette.

Le colis ragaillardit mon Philippe, qui enfin se redresse. Nous reparlons un petit peu. Plaisantons, même. Nous évoquons les présidentielles qui doivent se profiler là-bas, très loin, en France. Nous avons eu le temps de suivre les primaires, peu avant notre départ pour l'Afrique. Nous parions sur la suite. Je vois Hollande s'installer à l'Elysée. Philippe voit Sarkozy y rester. L'enjeu est un dîner dans un restaurant sympa de Paris.

Les prix des produits que contiennent les cartons figurent en milliers d'unités sur leurs emballages, mais je ne parviens pas à en déduire la devise. Philippe me refait le coup de tout avaler très vite. Quant à moi, je me contente du miel, fabriqué au Burkina. Nous ne reverrons plus les deux types et leurs curieux tatouages.

Quelques jours plus tard, une autre visite se présente. Un ovni débarque, musique à fond. Deux fashion victims en descendent, venus tout droit de la Lune ou de Mars. Cheveux gominés. Lunettes de soleil. Nike dernier cri. Et pantalons slim. Ils sont même parfumés. Y aurait-il un Ibiza halal dans le secteur ? Ils coupent le contact et, de fait, la chique au raï nouvelle tendance que crachent de puissantes enceintes. Ces branchouilles du désert étaient attendus. Ils adressent à leurs hôtes un salut presque tribal, conclu d'un poing serré sur le cœur, en signe d'une indéfectible fraternité. Puis nous tendent à chacun une enveloppe.

Philippe et moi nous regardons avant de les prendre. J'ausculte le recto, le verso. Je cherche le piège, l'intention maligne. Rien. Aucune indication. Aucun signe avant-coureur. J'ouvre. Et ce que j'y trouve me laisse sans voix. Je reconnais instantanément l'écriture de Diane, ma fille. Mon sang ne fait qu'un tour. Je pense d'abord que ces malades ont pu s'en prendre à elle. En

France ou au Mali, où elle aura peut-être tenté de trouver des interlocuteurs ou des explications. Les premiers mots me rassurent. La calligraphie, ces déliés, ces courbes rondes et appliquées me sont familiers. Ils me plongent dans une grande émotion. J'entends Diane en lisant. Je la vois et peux presque la toucher. Pour une fois, j'ai les larmes aux yeux. La lettre est datée du 28 mars 2012. Nous sommes en juillet.

Papa, m'écrit-elle. *Il faut t'accrocher. Nous pensons tous très très fort à toi et travaillons pour ta libération. Nous ferons tout ce qu'il est possible de faire pour te sortir de là.*

Elle dit qu'elle m'aime. Elle assure que je lui manque profondément. Je referme la lettre comme je referme les yeux. Je capture les mots, les sons, les voix et les images que je fantasme. Ils sont à la fois un merveilleux cadeau et une torture nouvelle. Ils régénèrent le manque et les doutes. Les reverrai-je ? Diane, ma mère, Mei… A nouveau, je déplie la feuille pour la relire et la relire encore.

Comment cette putain de lettre a-t-elle pu venir jusque dans mes mains ? On ne peut pas me libérer mais on peut m'écrire ? C'est complètement dingue. Diane a probablement remis son pli au Quai d'Orsay, qui l'aura confié à ses correspondants ou à ses médiateurs. C'est donc qu'un traçage est possible, qu'une filière est à remonter, qu'un fil d'Ariane est à suivre. Qu'est-ce qu'ils foutent, dans ces conditions ? Les Renseignements français peuvent vous entendre pisser dans vos toilettes mais ne savent pas tracer une simple lettre ? Ça cloche. Quelqu'un connaît forcément quelqu'un qui connaît quelqu'un qui sait où nous sommes retenus captifs. Ça ne paraît pas si compliqué. Philippe, toujours un peu hagard, n'en est pas à ce constat. Son courrier semble long. La prose est probablement celle de son père et de son fils. L'un des deux jeunes branchés s'adresse à moi dans un français excellent :

— On va vous filmer avec les téléphones portables. Vous dites ce que vous voulez. Pas de consigne. Toi, le grand, tu commences.

Je m'exécute. Un peu pris de court et encore sous l'émotion d'avoir pu lire ma petite Diane.

— Bonjour à tous. Diane, maman. Je vais bien. Ne vous en faites pas. Je vais bien. Les conditions de vie ici sont difficiles, mais on fait face. Philippe et moi tenons bon. Je sais que vous faites tout votre possible pour notre libération. Je suis sûr qu'on se verra très bientôt.

Philippe satisfait à la même obligation avec le clone de mon intervieweur. Je ne veux ni me montrer indiscret ni troubler son discours. Pourtant, je capte çà et là quelques mots qui m'amusent tant ils sont décalés. Sans l'écouter, j'entends Philippe s'adresser à son père. Il lui demande de prendre contact avec maître Szpiner, avocat connu pour le traitement d'affaires particulièrement sensibles ou exposées. Puis il lui liste des consignes comme celle, improbable, de vider un box de garde-meubles, quelque part à Versailles. J'en souris. Comment peut-on s'inquiéter de ça quand on est dans une pareille merde ? S'en foutre et s'en contrefoutre me paraît tellement évident.

Philippe et moi écrivons à nos proches respectifs. Difficile de penser que les lettres arriveront à destination. Le simple fait de prendre un stylo en main, de dégourdir nos poignets déliés pour écrire est une joie incommensurable.

Ce courrier et cette séance vidéo rallument une lueur d'espoir. Peut-être le bout du tunnel n'est-il plus si loin… Je m'accroche à cette idée et continue d'être actif. Autant que possible.

Ces crétins nous ont déplacés dans un autre oued, coincé entre deux massifs rocheux. Ils nous y placent en plein milieu, en dépit des pluies répétées. Ils n'ont pas réalisé que les deux promontoires de calcaire allaient faire converger vers nous tous les ruissellements. J'essaie de l'anticiper et aménage autant que possible un abri adapté. Je me lance même dans quelques opérations de couture. Ce n'est pas artisanal. Tout juste primitif. Les longues aiguilles d'épineux me permettent d'assembler entre elles de vieilles toiles de tente déchirées. Sans être le Hilton, ça nous donne un semblant de confort et de sécurité. Preuve que les comportements ont changé, les barbus me confient un couteau pour que je confectionne, au bout du tranchoir de leur hache, le manche qu'ils n'ont plus.

Un soir, la tempête redouble d'intensité. Nous sommes enchaînés, comme toutes les nuits. Tout est embarqué par la brutalité de la pluie, par les puissantes coulées d'une eau chargée de sable. L'oued se remplit d'une crue violente. L'eau monte. Philippe et moi nous mettons sur les genoux. Vache, se noyer dans le désert ! Il n'y a pas plus grotesque, comme disparition. Je crois que je préfère encore une balle dans la tête. On les appelle. Mais on ne les voit pas. Ça fait des mois qu'ils ne nous lâchent pas d'une semelle, et là, plus personne. L'eau monte à la taille, puis au-dessus du nombril. Bientôt, elle gagnera la poitrine. Il nous faut désormais lutter pour ne pas être emportés comme de vulgaires brindilles. Un type apparaît enfin. La pluie tombe si fort qu'elle me contraint à fermer les yeux chaque seconde. Je peine à le distinguer. Non, ils sont deux. Ils se précipitent vers nous et libèrent nos mains d'un coup de lame énergique.

Les geôliers réalisent enfin qu'il n'était pas très

judicieux de nous exposer ainsi. Les emplacements seront maintenant mieux choisis, comme celui qui domine un petit lac, consécutif aux intempéries. Il est un mirage posé là, comme une impossible carte postale. Je m'y baigne. Oui, je m'y baigne. Et cueille alentour un fruit curieux, semblable à de tout petits cassis mais avec un goût de pomme. Ma collecte est prolifique. Cent ou deux cents fruits, dont nous nous régalerons.

Un crapaud, qui avait son trou juste à côté de mon tapis de sol, s'entiche de moi. Il s'approche tellement que je finis par le prendre dans mes mains, immédiatement surpris par un garde.

— Ne le touche pas ! C'est dangereux, me crie-t-il.

Je sais que certaines espèces sont urticantes. Je préfère jeter le batracien. A une vingtaine de mètres. Il revient. Je le jette encore. Il revient à nouveau. Le petit jeu dure. Puis le crapaud prend une drôle de teinte rougeâtre. Le message est clair. Il n'apprécie pas que je refuse sa compagnie. Me préparerait-il un sale coup en guise de représailles ? J'attrape ma chaussure ou ce qu'il en reste et l'écrase d'un seul geste. Puis j'offre ses restes aux deux corbeaux.

L'agitation grandit, depuis quelques jours. Nous sommes déplacés plus souvent. Les avions de chasse sont nombreux à passer au-dessus de nos têtes. Nous n'y accordons pourtant plus guère d'attention. Aux premiers jours de notre captivité, nous voyions dans ce ballet aérien un probable et prochain salut. Je me souviens de Philippe étalant son linge sur des rochers dans l'espoir que les pilotes y voient un message. Aujourd'hui, quoique indifférents, nous ressentons une recrudescence de l'activité aérienne. Très certainement explique-t-elle ce mouvement inhabituel.

On nous presse de monter dans une jeep, alors même que la nuit est tombée. Pour une fois, nous embarquons dans la cabine et n'avons pas les yeux bandés. L'urgence prévaut. Un autre pick-up ouvre la voie. Les deux véhicules crèvent l'abîme tous feux éteints, à près de cent kilomètres/heure. En guise de balises, des motos stationnées en bord de piste jalonnent l'itinéraire. Les conducteurs prennent de gros risques, même s'ils connaissent à l'évidence très bien les lieux. Chaque arbre, chaque rocher leur est familier. Ils fuient. C'est manifeste. Les prochains camps seront d'ailleurs plus à couvert. Certains d'entre eux abritent des palettes d'armes et de munitions. Les stocks sont impressionnants. Leur gestion méthodique.

Je compte maintenant jusqu'à trente-deux hommes sur le qui-vive, dont la plupart, perchés sur des promontoires, ont pour mission de scruter l'horizon. Ils paraissent nerveux. Philippe et moi sommes tenus éloignés l'un de l'autre. Je profite quelquefois de ma collecte d'eau ou de bois pour me rapprocher et m'enquérir de son état. Mais invariablement la sommation tombe, toujours véhémente, parfois violente. Tous les jours, je charrie deux bidons d'eau de trente litres chacun, sur un kilomètre et demi. Je ne renonce pas pour autant à mes exercices habituels, abdos et pompes. Je suis un forçat. Un forçat dans le désert. Préposé à toutes les tâches.

Plus loin, un autre camp m'épargne ce travail de mule. Un large puits y a été creusé. L'ouvrage, de quelque sept mètres de profondeur, dont les fondations sont en béton, a nécessité des travaux remarquables. Il est précautionneusement camouflé de branchages, de feuilles et de sable. Je fabrique un jerrican à bascule, qui balance désormais au bout de la corde. Les maudits n'avaient pas eu idée de faire mieux qu'une espèce de baudruche à trois trous supposée remonter l'eau. Elle se remplissait difficilement et se hissait tout aussi mal. L'ingéniosité de mes menus travaux les engage à m'en confier toujours plus. Cette fois, d'ailleurs, elle ne bénéficie pas qu'à notre groupe. Chaque jour, d'autres types viennent s'approvisionner en eau, surgissant de nulle part. J'en déduis que d'autres camps se sont dressés aux abords immédiats de la cuvette qui nous abrite.

La tension gagne encore, comme si un assaut était à craindre. On me fait même creuser des galeries. Je m'exécute au-delà de leurs espérances. Pas par servitude mais pour satisfaire un besoin irrépressible de m'oublier dans quelque chose de constructif, de concret, fût-ce à l'avantage des méchants et au détriment de mon propre camp.

Un jeune djihadiste est désigné pour me prêter main-forte. Pas un foudre de guerre. Très vite, il s'entaille une main et se déclare inapte. Je poursuis donc seul les travaux d'Hercule et gagne le semblant de clémence qui me permet enfin de retrouver Philippe, avec lequel je peux bavarder quelques minutes. A ce moment, de nouveaux avions militaires zèbrent le ciel. Toujours plus bas. Toujours plus bruyants. Ces chasseurs que les Arabes appellent des « migs » me semblent être des Mirage français. Nous ne comprenons pas à quoi ils jouent depuis des jours. S'ils nous savent ici, pourquoi n'interviennent-ils pas ? S'ils ignorent notre présence, pourquoi ne frappent-ils pas ? C'est incompréhensible, dans tous les cas.

Un matin de janvier ou de février 2013 si j'en crois Philippe, le bruit de puissantes turbines se fait entendre. Il se rapproche, jusqu'à submerger le camp. Une dizaine d'hélicoptères se présentent au-dessus du site et soulèvent çà et là de lourds nuages de poussière. Leurs pales libèrent un bruit régulier, à la fois rassurant et terrifiant. L'*Apocalypse* serait-elle pour *Now* ? Coppola apprécierait la mise en scène. Ce même rideau de fumée d'un rose orangé qu'il faut traverser et dont on ne sait s'il ouvrira des horizons plus funestes encore ou s'il nous arrachera enfin à l'enfer. La théâtralité obscène de la guerre, sa charge onirique même me figent. Les miens viendraient-ils enfin nous sauver ? Je n'ose y croire. Je voudrais qu'ils leur foutent sur la gueule. Je fredonnerais moi aussi une musique en rupture, douce, légère, pendant que leurs corps se déchiquetteraient sous les gros calibres français. Je me réjouirais à mon tour de cette violence primitive dont l'homme est capable, de son animalité.

Je ne suis pas spécialiste, mais je crois reconnaître des Tigres français, peut-être aussi un hélico allemand. Aucune euphorie. Je sais être un pion sur un front nébuleux qui oppose une armée régulière et une troupe plus ou moins crédible de fêlés.

Les barbus m'ont placé sur la colline qui surplombe le camp. Je comprends la fonction « bouclier humain » qui m'est dévolue. J'entends un hélicoptère se présenter dans mon dos. Je me retourne. Il ne peut me voir, je suis caché par un rocher. Je me dresse, soudainement visible. J'essuie instantanément une lourde rafale qui claque sur la pierre en une multitude de ricochets. Mon chèche et ma barbe ne servent pas ma cause, il faut dire. Je ne peux ni me défaire de ma coiffe ni esquisser le moindre geste. Mes mains sont menottées dans mon dos et mes chevilles enchaînées.

L'appareil, une Gazelle française, est en position stationnaire, prêt à refaire feu. Je me remets à l'abri et n'en bouge plus. En contrebas, les hommes organisent une riposte. Ils sortent leur dernier jouet, un RPG tout juste arrivé, venu d'autres fronts. Ils montent une mitrailleuse sur trépied, la 7.62 avec laquelle ils singeaient Rambo voilà deux ou trois jours, cartouchière autour du buste – trop lourde pour eux. Mais le combat ne s'engage pas. Je comprends qu'il n'y aura ni assaut ni troupes lâchées au sol. Aucun autre tir. Les seules balles qui ont fusé sur le théâtre des opérations, comme disent les militaires, auront été pour moi ! Une autre rafale se fera bien entendre, dirigée depuis le sol vers l'hélico que je croyais allemand. Pourtant complètement anodine à mes yeux, elle sonne le retrait de cette escadrille de reconnaissance. Le bruit des rotors s'éloigne, avec lui mon mince espoir de libération. La superproduction était belle, ses effets nuls.

La menace disparue, ces brêles réalisent qu'ils ont perdu les clés de mes menottes. Ces sombres amateurs s'affairent à triturer maladroitement les bracelets. Ils s'énervent, s'insultent et gesticulent. Le sourire entendu que je leur adresse les irrite un peu plus mais leur fait comprendre que je sais, moi, comment m'y prendre. Je ne peux rien faire de mes mains puisqu'elles sont bloquées dans mon dos. Il me faut donc leur dispenser un cours de serrurerie. Mes recommandations sont appliquées à la lettre, comme le serait la recette d'un enchanteur. Epingle en main, mes élèves attentifs parviennent enfin à ouvrir les bracelets, très fiers d'eux.

La séquence militaire a été vécue comme un coup de semonce. Elle déclenche les grandes manœuvres. Le soir même. A pied. Une longue marche commence. Nous sommes séparés en deux groupes distincts de sept à huit personnes, lesquels progressent en deux colonnes parallèles séparées de deux cents mètres. Philippe est dans l'autre. Leurs silhouettes se dessinent comme peintes au couteau dans la clarté de la lune. La lente procession revêt un caractère solennel, biblique. Dans son aspect graphique, du moins. Les canons de kalach hérissent le convoi d'étranges pics. On est loin des Gaspard, Balthazar et Melchior suivant l'étoile filante de Bethléem. Philippe n'a rien d'un roi mage, d'ailleurs. Je suppose qu'il porte sur nous les mêmes regards. Je le distingue nettement, la démarche voûtée et poussive. Je suis malgré tout surpris de le voir suivre le rythme ; voilà des semaines, des mois même, qu'il n'a plus sollicité son corps, probablement faible et ankylosé.

Je suis lesté d'une cinquantaine de kilos de munitions. Et n'ai pour seul autre bagage que ma couverture et mon fourre-tout de tissu. La lune sécurise mon pas éreinté. Quelle distance allons-nous couvrir ainsi ? Ne le sachant pas, je ne peux gérer mon effort. Nul ne daigne répondre à mes questions. Je suis aveugle. Et le type qui conduit la troupe n'a rien d'un Moïse bienveillant prêt à ouvrir les eaux pour ses protégés. Il n'y aura pas de miracle. En dépit de ma vaillance et de tout l'orgueil que j'y mets, mes jambes flagellent et se tétanisent, ma vision se trouble… Je suis à bout de force. Comment pourrais-je porter ces putains de munitions alors que mes jambes me soutiennent à peine ?

— Je ne peux plus. J'arrête, dis-je en me laissant choir.

— Lève-toi, me répond, peu compatissant, l'un des types dans un français sans accent.

— Putain ! Tu ne vois pas que je ne peux plus mettre un pied devant l'autre. Tu peux m'insulter, me menacer, me taper. Fais ce que tu veux, je m'en fous. Je te dis juste que rien ne pourra me faire avancer. Je ne peux plus, tu piges ?

— T'es costaud, mais t'as rien dans le bide.

— Pauvre type !

— Ne me réponds pas, espèce de chien. Tu seras bientôt mort. Et après toi, tes amis, ta famille. Vous les Français, on vous a infiltrés jusqu'au trognon. C'est une guerre que vous avez déjà perdue.

Je le laisse théoriser ses plans, vanter ses brigades, m'insulter, me promettre l'enfer, sans plus répondre.

Nous faisons enfin halte. Une grotte est notre abri commun. Je me cale en son fond, contre la paroi rocheuse, face au désert. Bien circulaire, l'entrée de la cavité offre au panorama un cadre minéral inventif. Elle le cerne de formes accidentées et met en valeur toutes ses nuances. Malgré le ras-le-bol, les douleurs, je ne peux m'empêcher de trouver ça beau. Je ne vois plus Philippe, mais j'aperçois d'autres groupes s'étirant un peu plus loin. Tous convergent vers un même objectif, que j'ignore. Certaines des silhouettes m'apparaissent différentes des autres. Et pourtant, j'ai le sentiment, dans la pénombre, qu'elles ont quelque chose de familier. C'est étrange, très troublant. S'agit-il d'autres geôliers croisés plus tôt dans d'autres camps ? J'en ai vu tellement.

Nous repartons. Aucun signe d'activité à l'arrière. C'est nous qui fermons la marche. Peu avant le lever du soleil, je suis terrassé par un nouveau coup de barre. Incontrôlable. Mon chargement a pourtant été réparti entre les hommes. Rien n'y fait. Je suis à bout.

— Tu traînes ! hurle un des types.

Il arrache le fourre-tout que j'avais accroché à ma taille, le balance dans le sable et m'intime l'ordre de poursuivre mon chemin sans me baisser ni même me retourner. Je suis fou de colère. Ce crétin a jeté aux fennecs mon bien le plus précieux. On y trouvait des porte-lames, des couvercles de boîtes de conserve, un manche de couteau, de la vaseline… Certains objets m'accompagnaient depuis les premiers jours. Leur existence n'était pas seulement matérielle. Ils étaient pour moi une compagnie au sens le plus fort du terme. Et cet abruti m'en a dépossédé sans explication.

Tard dans la nuit, les deux groupes finissent par se rejoindre, nous rassemblant Philippe et moi, le temps d'une courte pause. Je ne sais plus ce que nous avons dit, des banalités sans doute, des demi-phrases pour déplorer la fatigue, nous encourager l'un l'autre. Si j'avais su à ce moment-là que je ne lui reparlerais plus jamais…

Les combats ont fait rage, ici. On voit des 4 × 4 calcinés, du matériel abandonné dans la précipitation. La désolation s'est emparée de cette partie de désert. Des fantômes flottent, nous exhortent au départ. Je reprends la marche, équipé, cette fois, d'une branche en guise de canne grâce à laquelle je peux soulager le genou qui me fait souffrir. Absurdement, je suis armé. Les barbus m'ont confié une kalachnikov que je porte sur le dos, en bandoulière.

Un nouveau point de ralliement attend les deux colonnes. Ce camp est déjà installé. Il y a de la vie. Il n'est malheureusement pas notre destination. Tout juste une escale. Nous devons poursuivre. Pas loin, m'assure-t-on. Mais je cale à nouveau. Un des salopards est aussi en difficulté. Je ne sais pas ce qui le handicape mais je le vois, lui aussi, clopin-clopant. Une entorse, semble-t-il. La hiérarchie nous renvoie au site que nous venons tout juste de quitter. Philippe, lui, poursuit la route avec son groupe.

Il est 5 heures du matin. Je peux enfin m'asseoir, certain d'en avoir fini avec leur foutue randonnée. Je m'installe sous un feuillage, et réclame à boire. Un homme que je n'avais pas vu se tient juste à côté de moi. Il se manifeste. Je ne réalise pas immédiatement. Je suis encore en pleine récupération. Son visage n'a pas le type maghrébin ni africain. C'est un Français. Je ne sais pas à qui j'ai affaire. Que fait-il ici ? Le djihad ? Je comprends qu'il est de ces silhouettes qui m'avaient troublé, vues depuis la grotte. Pourtant, la tenue est exactement la même que celle des geôliers : treillis militaire, parka... Je parais, moi, bien vulnérable dans ma pauvre tunique... Un autre Français l'accompagne. La conversation s'engage dans la lumière contrastée du petit matin. Le premier se nomme Daniel Larribe. Le second, Thierry Dol. Tous deux me disent être des collaborateurs d'Areva, enlevés à Arlit, au Niger, avec deux autres Français. Nous ne pouvons aller plus loin dans l'échange. Thierry a tout juste le temps de me filer du Voltarène pour soulager mon genou. Un pick-up vient me chercher.

Il roule pendant près d'une heure, à vive allure. J'imagine qu'il me fera retrouver mon groupe et probablement celui de Philippe. Je me surprends. La rencontre de ces compatriotes m'a laissé insensible. Elle aurait pu me rassurer, à la pensée que Philippe et moi ne sommes pas seuls dans cet enfer. Elle aurait pu me faire du bien au seul motif que j'ai pu bavarder avec des interlocuteurs normalement constitués. Pourtant, cet épisode a glissé sur moi ; comme si peu à peu je me vidais de toute sensibilité.

On me met sous un arbre, une espèce d'arbre à encens propre à la région. En contrebas, un autre pick-up déboule. A l'arrière, je reconnais Philippe, prostré. La voiture s'arrête à quelques centaines de mètres de moi et se fait engloutir par le nuage de sable qu'elle dégage. Tous ses occupants en descendent et, à pied, disparaissent entre les rochers.

J'ai perdu le compte du temps. Voilà des mois que je n'ai plus adressé la parole à quiconque. Pas même à mes ravisseurs. Ceux d'entre eux qui osent le contact sont frappés par les collègues. Une chose est sûre, le syndrome de Stockholm ne passera pas par moi. Il lui faut un minimum d'échanges.

Quand bien même Dieu me rendrait au monde des vivants, je ne serais plus capable de tenir une conversation. Ma langue et mon palais s'engourdissent, s'enlisent dans la solitude. Un comble au pays des cases à palabres ! Ces cases si basses qu'on y discute sans jamais pouvoir ni s'énerver ni se dresser. Je suis mon unique compagnie ; une compagnie gémissante, meurtrie par les carences de toutes sortes, tiraillée par les douleurs. Mon âme oisive divague, plus sèche que ce désert. Si j'ai perdu tout ce qui me fait homme, le dialogue intérieur ne s'interrompt pourtant jamais. C'est d'ailleurs la seule différence qui subsiste avec l'animalité. Ce dialogue confine à la folie, participe de ma lente destruction. Je suis mort et endure le deuil de ma propre disparition. Mon corps est froid. Le soleil d'Afrique ne le réchauffe plus. Il n'éclaire désormais que le vide. Toute la journée, mon regard se perd dans l'immensité qui sera mon tombeau. Je n'attends plus rien de demain, comme plus personne ne m'attend. Peut-être mes obsèques se sont-elles déjà tenues en France ? Seul m'est fidèle le néant. Il m'enveloppe de toutes parts. Il m'enlace. Il m'habite. J'y suis promis depuis le premier jour. Il n'y aura donc plus d'étreintes. Jamais plus de lèvres ne m'appelleront. La solitude du romantique n'est qu'une foutaise. La grande solitude, la vraie, est pour les égarés, les laids, les crasseux… et je suis tout cela. Celle du naufragé est difficile. La mienne est affreuse. Elle ne finira jamais. Tout est écrit. Tout est joué. Mon esprit livre encore quelques ultimes batailles. Les délires, les hallucinations sont sa défense. Je suis allé au bout de mon isolement. Ostracisé.

Nous avons bougé chaque jour, d'oued en oued, de camp en camp. Mes plaintes obstinées agacent les barbus. Je crains qu'ils ne les entendent même plus. Inexorablement, elles s'éteignent, comme étouffées dans le sable, sans que jamais les rochers en rendent le moindre écho. La faim s'ajoute à la résignation et au désœuvrement. On dit qu'un homme peut vivre trente jours sans manger, trois jours sans boire et trois minutes sans respirer. Je revisite les fondamentaux du métabolisme. Je les défie. Mes réserves corporelles de glucose, de sel ou d'eau doivent afficher les niveaux vitaux les plus bas que le genre humain autorise.

Je complète mon alimentation de lézards, de sauterelles et de mouches auxquelles j'enlève les ailes. Leur capture m'impose toutes les ruses pour compenser ma dextérité chancelante. Souvent, je sens l'animal s'agiter encore, gesticuler dans ma bouche avant que mes dents ne l'écrasent dans une giclée écœurante.

Je mime la nature. J'observe les oiseaux. Ils m'enseignent l'essentiel et me détournent des risques toxiques. Les arbres abritent ici deux sortes de larves ; des vertes et des velues. Les piafs sélectionnent les premières, et seulement les premières, qu'ils prennent soin d'étêter avant ingestion. Je fais pareil, sans jamais enfreindre la règle. Ces asticots qui, en journée, gagnent le sable ne sont d'ailleurs pas si mauvais. Ils ont un goût de feuille, de chlorophylle. Ils me torpillent peut-être le bide, mais tempèrent la faim, retardent la fin, ce pourrissement lent qui gagne mes veines, mes viscères, mes os… Quand je saigne, piqué par un moustique ou blessé par mes chaînes, je sens quelque chose de nauséabond. Peut-être n'est-ce que l'expression du rejet de ce que je suis. Ou une conséquence de ce que ces ordures me donnent à boire et à manger. Quand je porte ce sang à mes narines, l'odeur inhabituelle me file la nausée, une odeur de plomb, de métal. Si je le porte à ma bouche, les sensations sont les mêmes, plus désagréables encore. Je remarque autour de moi des moustiques morts, gorgés de mon sang.

Mes douleurs et la quête de protéines sont finalement mon salut. Elles mobilisent le peu de neurones qui restent actifs et pondèrent les errements de mon esprit. La douleur physique affronte la douleur morale comme dans une joute épique. Mon corps m'empêche de ruminer parce qu'il requiert encore de combattre.

Ce matin justement, j'ai le sentiment de dominer ma tête. Elle et moi allons fédérer nos efforts pour contrôler un point douloureux qui me pince le flanc. Pour mieux me concentrer, je ferme les yeux et me contrains à une vraie respiration abdominale. Les effets sont si immédiats qu'ils me surprennent. Lorsque je rouvre les paupières, je me trouve baigné d'une lumière singulière, doucement nacrée. Dieu se tient là, juste à ma droite. Oui, Dieu. Il est là, en personne, assis, comme moi. Il porte la même tunique que moi. Autour de lui, un halo. Il ne m'éblouit pas mais m'empêche de voir son visage. J'ignore quelle confession revendique ce dieu, mais je sais qu'il vient pour moi. Il m'assure de sa protection et de sa bienveillance. Je ne rêve pas. Je suis quelque part entre ciel et terre. C'est un état. Une émotion. Je ne suis pas un mystique qui s'en remet à la foi pour ne pas crever. Je n'espère pas être accueilli par une foule de vierges au seuil du paradis. J'ai toujours cru en un dieu. Et il est là. A mes côtés. Il n'a pas d'égards particuliers pour moi mais son message est limpide. Je ne lui parle pas. La parole est inutile. Je sais que plus rien ne sera jamais pareil. J'ai vu Dieu. Je fais partie de ces chanceux, de ces élus qui t'ont vu. Quelles que soient les prochaines épreuves, l'infortuné te sait là. Quelque part. Tout près. Majka m'a remis entre tes mains.

Quelques instants plus tard, son image a disparu. Aussi soudainement qu'elle m'était venue. Je ne l'appelle pas. Ne l'implore pas. Je ne serai plus jamais aussi seul.

Il ne s'écoule que quelques minutes. Un scorpion qui s'était glissé sous le tissu de ma tunique me pique au dos, entre les omoplates. Un petit scorpion jaune que j'écrase immédiatement, avant d'appeler mes geôliers. Peut-être ont-ils un sérum, ou quelque chose de ce genre ? A voir la gueule des types qui observent la carcasse de mon agresseur au dard encore levé, la situation pourrait vite dégénérer. Les jaunes sont dangereux. Alors qu'il ne se passe rien depuis des semaines, je fais connaissance dans la même minute avec l'Immortel et le Mortel. La douleur est forte, comparable à celle que provoque une vive ou un frelon. Après « l'entre ciel et terre », je me sens glisser vers le ciel. Je vois s'avancer depuis l'horizon le chariot des faucheurs, ce chariot qui embarque de force toutes les âmes dans son magma de nuages.

Les maudits semblent considérer mon cas avec sérieux. Ils m'administrent du lait de chamelle et deux cuillères d'essence. Comme ils l'auraient fait avec le carburateur d'une vieille pétrolette qui refuse de démarrer… Deux d'entre eux laissent entendre que mon sort est scellé.

Je pars me coucher, comateux. Le lendemain, je me relève comme si rien ne s'était passé. Bien vivant, sans fièvre ni effet majeur. J'en serai quitte pour un énorme kyste et le ressenti régulier de décharges électriques. Alors là… j'impose le respect aux maudits. Je crois même qu'à certains égards je leur fais peur. Les barbus ne comprennent pas ce rapport que j'entretiens avec les dangers du désert. Ils me voient insensible ou presque à la piqûre du scorpion jaune. Ils me savent indifférent aux serpents qui nichent volontiers sous mon abri. Ils surprendront même une hyène à mes côtés, un matin à l'aube. Au point que, maintenant, ils se tiennent à distance de ma couche pour me passer les menottes à la nuit tombée et m'en libérer au petit matin. Malgré ma grande fragilité, malgré la détresse… Je porte à leurs yeux quelque chose qu'ils ne maîtrisent pas. Ils me voient comme un sorcier. D'autant que les astres s'en mêlent... Une éclipse de lune nous plonge dans l'obscurité et soulève une tempête. Incroyable scénario qui m'aurait valu le bûcher en d'autres temps et d'autres lieux. Comme quoi, mieux vaut des islamistes aujourd'hui que les cathos de l'Inquisition médiévale.

Combien de mois ont passé encore ? Près d'une année sans doute, peut-être plus. Le temps s'écoule en s'employant à ne pas avancer.

Nous occupons le même camp depuis deux ou trois semaines, un camp comme tous les autres. Le jour daigne enfin décliner quand deux types nous rejoignent. Alerté par le bruit du 4 × 4, je tends l'oreille, attentif à ce premier mouvement significatif depuis bien longtemps. Je reconnais Thierry Dol et Daniel Larribe. C'est incroyable de les retrouver ici. Si seulement Philippe pouvait réapparaître de la même façon… Ils sont installés à l'autre bout du camp, à une cinquantaine de mètres de moi. Impossible de nouer le contact. A la façon de plongeurs sous-marins, nous esquissons quelques gestes de la main pour établir un début d'échange. Daniel porte une barbe drue et argentée. Ses yeux bleus éclairent un visage intelligent, déjà marqué de rides profondes. D'un petit gabarit, il dégage autorité et gravité. A ses côtés, Thierry ressemble à un géant, dominant son comparse de plus d'une tête. Je le crois plutôt Caribéen qu'Africain. Cette baraque a le visage jovial. Il est nettement plus jeune que Daniel, la trentaine peut-être.

Vus de ma position, qui n'est pas brillante, ils paraissent à peu près en bonne santé. Autant qu'il est possible ici. Je les regarde. Je les envie. Au moins ont-ils un ami, tandis que je suis désespérément seul. Ils peuvent se parler. Ils ont des vêtements, un peu de matériel, et je me sens si nu. Ils sont autorisés à écrire dans des carnets, me semble-t-il – un journal, peut-être ? J'ai l'impression qu'on ne les menotte pas, la nuit, et, le matin, j'entends qu'on les salue d'un « Bonjour ». J'entends aussi qu'ils commentent le pain et l'eau auxquels ils sont soumis depuis deux jours. Ils ne savent pas ce qui les attend… Je ne pourrais pas dire depuis combien de temps je suis au pain et à l'eau !

A vrai dire, il m'est difficile d'apprécier la réalité de leurs conditions de détention, mais je ressens une différence de traitement très pénible à supporter. Sans doute ne s'en rendent-ils pas compte, mais jamais je ne pourrais obtenir de nos geôliers qu'ils me traitent avec le minimum de réserve qu'ils leur témoignent.

Ça m'est d'autant plus pénible que mes pathologies s'aggravent. Je chie du sang et vais à la selle dix à vingt fois par jour. Je crois même chier des vers. Ce pourrissement est inexorable. Je le sais.

Je dois réagir. Je dois m'évader. Pourquoi d'ailleurs avoir renoncé à cette idée ? Il y a dans le camp de quoi confectionner des armes en bois, en pierre. Quitte à mourir, autant que quelques-uns de ces crevards partent avec moi saluer Mahomet et sa bande. Je suis si faible que je ne neutraliserai peut-être pas le plus chétif d'entre eux. Je n'ai que très peu de chances de réussir, mais je sais avoir toutes les chances d'y rester si je ne fais rien. Je me construis un petit arsenal de commando, un kit clandestin hérité de l'âge de pierre, qui coupe, tranche, perce. Il sera ma dernière chance.

Daniel et Thierry sont restés vingt-neuf jours avec moi, si mes comptes sont exacts. Jusqu'à ce qu'un 4 × 4 les emmène. Définitivement. Mon instinct me pousse à croire à leur libération et indirectement à espérer celle de Philippe. Qui sait ? Nous nous reverrons peut-être tous à Paris, dans quelques mois.

A nouveau je suis seul et déplacé tous les quinze à vingt jours, chaque fois avec une relève de matons. Je n'ai jamais compté. Mais je pense avoir côtoyé plusieurs centaines de geôliers différents depuis l'enlèvement. Ces déplacements incessants me pèsent, je suis déshydraté par ma diarrhée chronique. Mes pieds sont marqués de plaies hypersensibles. Je vais mal.

Des mois et des centimètres de barbe plus tard, un autre otage occidental rallie notre camp. Conformément aux habitudes, nous sommes placés à distance l'un de l'autre. Pourtant, son visage et quelques intonations captées çà et là me font comprendre qu'il est néerlandais. Ça me rappelle un pan douteux de ma vie. J'habitais alors dans le Quartier Rouge avec Lulu, le copain d'Amsterdam devenu magnat du porno au Canada. Le Néerlandais a quelque chose de sympa, d'affable. Les cheveux qu'il a perdus repoussent sur ses joues et sous son menton. Il est maigre. Si maigre que sa barbe d'otage paraît lourde à porter. Il a l'allure d'un Confucius à l'occidentale. A de rares occasions, je parviens à échanger avec lui, profitant d'aller chercher du bois pour m'approcher. Il a été pris à Tombouctou le 25 novembre 2011, avec deux Sud-Africains dont il n'a pas de nouvelles. Je voudrais pouvoir bavarder davantage mais, chaque fois, l'œil d'Aqmi traîne et me sanctionne. D'autant que Rijke, si j'ai bien saisi son nom, dispose d'une radio. Il peut écouter les informations. Le luxe absolu ! Rendez-vous compte… N'être plus hors du monde, en prendre le pouls. Evidemment, les maudits ont à cœur de m'en priver. Rien. Je n'entendrai rien. Pas même une brève, fût-elle en néerlandais, en arabe ou en anglais. Rien. J'enrage. Je vois Rijke l'oreille collée au poste, mais aucun son n'arrive jusqu'à moi, pas même un grésillement.

Plusieurs films sont programmés autour du camp. Un type a fait remarquer que la dernière mise en scène remonte à de trop nombreux mois. Je suis si faible qu'ils m'installent dans la cabine d'un 4 × 4. Mais mon état général n'est pas suffisamment télégénique. Ça pose problème, à l'évidence. Ils compensent avec une tunique et un pantalon neufs. Ils m'offrent même des ananas en conserve, que je régurgite aussi vite. Je n'arrive pas à dire le texte. Les mots ne me viennent pas, je bute sur chacun d'eux ou les écorche.

« Je saisis cette occasion pour lancer un appel solennel à François Hollande, président de la République française [j'apprends ainsi qu'il a été élu], pour lui demander de tout faire pour me libérer. Je suis très malade, j'ai mal aux reins, je souffre d'asthme, d'hypertension et d'un genou. Je sens que ma vie est en danger depuis l'intervention de la France en Irak. Je vous demande, monsieur le président, de tout faire pour ma libération car vous êtes responsable de tout ce qui m'arrivera. Dans le passé, vous avez libéré tous les Français. Je suis le dernier. J'espère ne pas être le huitième sur la liste des Français tués dans le Sahel. Obama a libéré les soldats américains contre cinq dirigeants talibans. Je salue ma famille, Diane, son mari, ma mère, les enfants, ma sœur... Je demande aussi au peuple français d'aider ma famille pour ma libération. »

J'ai bien conscience que tout cela n'est pas très cohérent. Voilà un mélange d'obligations et d'improvisations. Ce charabia n'a ni queue ni tête.

Plus tard, un courrier m'est apporté. Même enveloppe et même écriture que la fois précédente. Je reste stupéfait qu'une lettre parvienne jusqu'à moi tandis que les secours en sont incapables... Cette fois, Diane a joint à son tendre message les photos de mes petites-filles. J'ai en main les clichés de deux petites bouilles aussi adorables qu'étrangères à ma vie. Je suis écartelé entre la joie de les découvrir et l'amertume d'en avoir été privé. Les ordures m'ont volé ces moments auxquels aspirent toutes les familles. Les deux petites ont le visage rosé de l'innocence, de la candeur et d'une virginité qu'on voudrait éternelles. Quand je pense que même ces salopards d'islamistes ont été enfants... L'aînée doit avoir quatre ou cinq ans. La plus jeune, elle, est née pendant ma captivité. J'imagine qu'elle a deux ou trois ans. Ces petites filles saventelles seulement que j'existe ? Elles me regardent. Me fixent. Je voudrais leur demander pardon. Je crains qu'elles n'aient à connaître la guerre et la peur. Les barbus tissent leur toile. Nous mesurerons leur œuvre dans dix ou quinze ans. Nous comprendrons enfin combien leurs plans étaient structurés, insidieux, dignes des ambitions nazies dans les années 1930. Leur armée est en marche.

Cette lettre de Diane s'accompagne de shampooing, de pastilles Vichy, de dentifrice et brosse à dents. Elle marque un changement notable jusque dans le comportement des geôliers, qui me gratifient maintenant de vrais repas de fête, copieusement garnis de viande, de pommes, de poires, d'oranges. J'ai un appétit féroce, revanchard, mais l'estomac ne suit pas. Mon organisme aura besoin de temps pour réapprendre et tolérer la diversification alimentaire.

Je suis méfiant. S'agirait-il des repas du condamné ? D'ordinaire, ils ne s'embarrassent pas de ces attentions pour les victimes. Seuls les kamikazes festoient dans de beaux hôtels ou dans les fêtes foraines avant de se faire sauter. Les décapités, les fusillés, tous ceux qu'on va exécuter sont, eux, emportés sans prélude. Rijke me dit y voir les signes tangibles d'une prochaine libération. Dubitatif, j'admets toutefois que ces changements sont encourageants. Le programme gastronomique et les « présents » n'en sont pas l'unique expression. Le chef m'appelle « tonton »… Allez savoir pourquoi. Aucun rapport avec Mitterrand ! Je peux maintenant plus facilement me rapprocher du Hollandais et même voler quelques infos radiophoniques.

— Lève-toi ! Tu laisses tout ici et tu nous suis.

Matinal, l'ordre est inhabituel. Le ton aussi. Je ne suis pas autorisé à saluer Rijke. Je n'aurai pas même l'opportunité d'un dernier regard. Je suis placé dans un 4 × 4, différent de tous les autres parce que fermé, celui-là. Il démarre en trombe.

Je passe de 4 × 4 en 4 × 4. Au troisième jour, après avoir tué une chèvre, ils me réveillent à 4 heures du matin pour me remettre, quelques kilomètres plus loin, à un nouvel équipage de seulement deux hommes. L'un d'eux s'adresse à moi :

« Je m'appelle Mohamed. Je suis un émissaire de la France. C'est moi qui ai fait acheminer vos courriers pendant votre détention. C'est terminé. Vous êtes libéré… »

Je ne réponds pas, prudent. Le type ne m'inspire qu'une confiance relative. Calme, peu prolixe, il porte un turban touareg. Il doit avoir une petite cinquantaine. Je lui trouve des traits égyptiens. Je l'aurais bien vu dans les arcanes politiques de la dynastie des Ramsès. Cet homme est important ou le fait croire. Il me dit rouler vers Kidal.

— Et Philippe ? dis-je. Vous savez où il est, lui ?

— Ils l'ont exécuté. Il y a déjà plusieurs mois. Les autorités françaises ont confirmé sa mort. Je suis désolé.

La nouvelle m'est assénée comme un uppercut. Sonné, je ne veux pas poursuivre la conversation. J'essaie de revivre notre dernier échange, notre dernier moment vécu ensemble… Le souvenir est flou, déjà. C'était… quand ? Comment y croire ?

Le type est étrange. De la même façon que je ne me résous pas à accepter ma libération, je ne veux pas lui confier ma peine. Je me dis qu'il ne sait peut-être rien, finalement. Qu'il se sera trompé de Français. Il est peut-être aussi un salaud de plus qui s'amuse avec mes nerfs.

D'un Mohamed à l'autre, je serais en train de refermer la boucle ? Ces mêmes paysages défilaient sous mes yeux il y a plus de trois ans avec un homme du même nom au volant. Je me souviens de ma joie de revenir en Afrique, du sérieux de Philippe, de l'excitation, des projets… C'était le dernier jour de ma vie d'avant. Il y a une éternité.

Bientôt, le 4 × 4 et la moto qui ouvraient la route disparaissent. La nuit est tombée depuis un moment quand le véhicule stoppe dans un oued. Nous y faisons un feu. Mohamed dégaine un Thuraya, ces téléphones satellites connectés où que l'on soit dans le monde. Il me dit appeler l'armée française.

Vers 1 heure du matin, des militaires arrivent. Des militaires tricolores. Ils nous équipent, Mohamed et moi, d'un gilet pare-balles et nous embarquent.

Je suis sauvé.

II

La mort de Philippe m'a été confirmée par un militaire. Gêné d'avoir à me peiner ou tenu au devoir de réserve, l'homme n'a livré aucune information supplémentaire. Difficile de prendre la mesure de la nouvelle.

On me fait entrer dans une maison de Kidal ; une maison de ville, simple, à l'africaine mais en dur. Cette bâtisse anodine est investie par les forces spéciales. Il y a là une vingtaine d'hommes en uniforme, écusson tricolore sur le bras. Un imposant matériel de télécommunications encombre l'espace désuet. Une chambre dortoir sommaire, à six lits superposés, m'est attribuée. J'en appelle à la générosité de mes sauveurs. On cherche parmi eux le grand qui pourra me passer un pantalon. Un autre, plus costaud, accepte de se séparer d'un sweat-shirt gris foncé à capuche. Tous me cèdent un petit quelque chose qui participera de mon retour à la civilisation. Ce jeune renonce à son rasoir électrique et à son déo tandis qu'un copain de chambrée me refile des chaussures. Même le doc chargé d'une première auscultation accepte de m'offrir la casquette que je lorgne avec envie sur le sommet de sa tête. Il se présente, c'est le docteur Schmidt, il va m'accompagner jusqu'à Paris.

Pourvu, gâté même, je peux profiter d'une douche. Oui, une douche ! Un luxe que j'avais oublié. Une douche dont on peut même espérer un jet généreux. Le picotement de l'eau sur mes plaies n'entame en rien ma jubilation d'homme propre, d'homme libre. Tous mes muscles se relâchent. Mon regard se noie à mes pieds blessés dans une eau jaunâtre et stagnante. Mes souffrances s'épanchent dans les concrétions calcaires des canalisations. Tout mon être est irrigué de volupté. Je ferme les yeux, nimbé d'une tiédeur réparatrice. La serviette qui me sèche, le sweat que j'enfile… tout est doux à ma peau.

Je culpabilise de cette euphorie ouatée alors que le décès de Philippe est officiel. Mais cela ne dure pas. Même artificiellement. Je voudrais être plus triste. Je suis affecté, bien sûr. Mais cette peine n'est pas à la hauteur du manque qui se profile, de l'ami qui n'est plus. Je le sais. Ma libération a tout happé. Je ne sais pas lutter contre l'élan qu'elle inspire. Je termine ma redécouverte du confort avec cette barbe que je coupe enfin comme je scalperais le démon. Je me rase de près, ne gardant qu'un bouc méticuleusement taillé. Le miroir révèle peu à peu un autre homme. L'espèce d'ayatollah cadavérique et fou cède la place à l'homme que j'étais avant, une bonne vingtaine de kilos en moins. Je peine à soutenir le regard avec moi-même. Je ne sais plus qui je suis.

Un type arrive et nous isole, lui et moi, dans la chambre. Il décline ses nom et prénom mais n'annonce ni fonction ni autorité de tutelle. Je comprends sans dessin que j'ai affaire à la DGSE. Plutôt sympa, en civil, l'homme a bien la tête de l'emploi. Cheveux très courts, presque rasés. Menton carré. Regard décidé. Il satisfait aux procédures du « débriefing », au « retex » (retour d'expérience), comme ils disent. L'otage et l'enquêteur y sont face à face.

L'homme m'interroge, remonte le fil de ma libération et les quelques jours qui l'ont précédée. Quelle(s) langues(s) parlaient les ravisseurs ? Leurs accents ? Leurs physionomies ? Leurs tenues ? Ai-je noté la présence d'Occidentaux ? Ai-je souvent été déplacé ? Ai-je en mémoire des points de repère naturels, des montagnes, des canyons… ? Y a-t-il des routes dont je me souvienne ? Je crains que mes réponses ne le déçoivent. Elles sont trop insuffisantes pour prétendre tracer la carte de ma détention. Je suis mal à l'aise. Je ressens l'enfermement, la séquestration, presque. Je suis oppressé. J'ai un toit au-dessus de la tête et quatre murs aveugles autour de moi. Je suis saturé d'obstacles. Il me faut une ligne d'horizon. Moi qui n'ai rien connu que le vide et l'immensité pendant plus de trois ans, je suis confiné, étouffé, coincé entre ces cloisons, ces lits et ce mec. C'est le paradoxe de ma liberté retrouvée. J'ai envie de foutre le camp. J'en ai besoin. L'agent le comprend et me ménage. Il me laisse assez rapidement rejoindre les militaires et Mohamed pour le déjeuner. Je m'apaise.

L'ambiance est décontractée. Je mange des fruits. Doucement, pour ne pas me rendre malade. Ensemble, nous regardons les chaînes d'info qui annoncent en boucle la libération du dernier Français retenu en otage au Mali. Certains commentateurs écorchent mon nom. L'homme que je vois à l'écran est bien différent de celui qui me faisait face, il y a quelques minutes, dans la salle de bains. J'y vois des photos d'archives, des photos de Philippe aussi.

— Monsieur, nous partons pour Niamey dans trente minutes ! m'indique un soldat.

— Niamey ? Pourquoi pas Paris ?

— Le protocole, monsieur. Je ne sais pas exactement.

Mohamed intervient et la conversation s'installe entre nous. Son langage est plus sophistiqué que le décor. Ampoulé.

— Mon pays, par l'intercession de mon président, monsieur Mahamadou Issoufou, a contribué à votre libération. Ce voyage officiel est organisé pour l'en remercier.

— Le Niger est intervenu ? J'étais détenu au Mali, peut-être en Algérie, mais certainement pas au Niger !

— La stabilité du Niger tient à la gouvernance du président. Elle intègre et entretient des relations politiques avec les Touaregs. Moi-même, je suis touareg. Je m'appelle Mohamed Akotey, je suis un Touareg Ifoghas. Je connais beaucoup de gens dans la région de Kidal. J'y suis influent. J'ai âprement négocié pour vous exfiltrer, aidé par le Haut Conseil pour l'unité de l'Azawad. Je suis par ailleurs très attaché à la France, j'y ai suivi une partie de mes études.

— Ah… Merci. Merci beaucoup. Et il y a eu une rançon ?

— Je ne sais pas. Je crois que nous devons préparer notre départ. Le protocole n'attend pas, écourte-t-il.

Il ne faudra que quelques minutes pour rejoindre l'aéroport et embarquer dans un Transall.

Le gros-porteur militaire m'arrache au sol malien.

Dos à la paroi de l'appareil, comme un membre d'une mission commando, je ne peux voir au-dehors s'éloigner ce sable et ces pierres qui furent si longtemps mon cloître. Quoique fatigué, je ne tiens toujours pas en place. Nous ne sommes qu'une dizaine à bord, équipage compris. Personne ne parle. Le bruit des puissants moteurs m'assourdit. Leur vrombissement constant.

A Niamey, nous attendent sur le tarmac Marie et Loïc, deux représentants du Quai d'Orsay. Marie est une élégante Eurasienne. Calme et rassurante. Elle est la première femme à laquelle je m'adresse depuis plus de trois ans. Lui, il ressemble bien à un haut fonctionnaire. Dans la retenue et les tics de langage notamment. Un jeune. Genre énarque. Prévenants, tous deux me transmettent la joie du président français Hollande et me confirment les explications données par l'incontournable Mohamed. Ils s'en remettent même à lui pour valider le timing du protocole. Sous escorte, nous traversons la capitale nigérienne en voiture jusqu'à l'hôtel, où nous rejoint l'ambassadeur de France. Ne m'y sont données que quelques minutes. Le temps de me rafraîchir, et nous gagnons le palais présidentiel.

Des journalistes et des officiels, une partie de l'exécutif, m'attendent en rangs serrés sur le perron. A peine suis-je descendu du véhicule qu'un homme apparaît, solennel, en haut des marches. Il porte une coiffe pourpre et un élégant boubou blanc, rehaussé de précieuses coutures et d'ornementations nacrées. Il me tend une main franche et chaleureuse que figent les flashs. Le président dit se réjouir de ma libération et rend publiquement hommage au travail de Mohamed Akotey. A mon tour, je prends la parole :

— Je remercie le président du Niger, M. Mahamadou Issoufou, et je remercie le peuple du Niger. J'avais oublié ce qu'était la liberté.

Puis nous nous soustrayons aux objectifs et poursuivons dans les salons présidentiels. Un cortège fourni de personnalités locales me salue. Chacune se présente à moi, en boubou ou en costume, avec un geste cordial, un mot de félicitations ou d'encouragement. Enfin notre délégation repart vers l'hôtel. Je n'en suis pas fâché. Fatigué. Etourdi.

Alors que j'entre dans le hall faussement luxueux de l'établissement, j'aperçois Diane dans l'embrasure de la porte. Elle est là, large sourire, à moins de dix mètres de moi. Elle est belle. Radieuse, même. Nous nous sourions. Avançant vers elle, je devine l'arrondi doux de son ventre. Elle est enceinte. Enfin je la prends dans mes bras. Elle pleure. Je pleure. Nous ne relâchons pas l'étreinte. Ce moment est indicible. Le plus talentueux des poètes ne saurait y mettre les mots. Il conjure enfin le mauvais sort. Je demande à Marie et Loïc de bien vouloir nous laisser seuls dans le salon adjacent à la salle à manger.

Je ne la trouve pas changée. Derrière la femme, toujours cette même frimousse de petite fille qui m'attendrit. Seul le père voit cet autre visage. Je le sais et je m'en délecte. Son regard brille d'une flamme éclatante. Ma fille est là. Enfin. Elle vient se nicher dans le creux de l'épaule paternelle. Nous ne trouvons pas tout de suite la mesure. Parfois le silence s'installe, ponctué de sourires et même de rires. Parfois nous prenons la parole en même temps. Nous ne nous disons finalement presque rien, acceptant que le trop-plein d'émotions emporte tout. Mes cordes vocales sont sèches. Je les ai déjà trop sollicitées ; plus pendant ces quelques minutes qu'en une année entière.

Le protocole nous rattrape rapidement. Le dîner est dressé. Tout le monde est prié de passer à table. Diane, Marie, Loïc, deux gars de la DGSE, un médecin… Toute la délégation décolle tout à l'heure pour Paris.

Je ne m'attendais pas à pareil faste. Je pensais même prendre un avion de ligne régulière. Je passe de l'âpreté du désert, de la rudesse des caillasses aux fauteuils capitonnés d'un Falcon. Les matériaux, les mélanges de cuir et de bois précieux, la fluidité d'ensemble, la douceur des éclairages, la mobilité des sièges, le nombre des écrans... Tout est confort, luxe et sophistication technologique. Je discute un peu avec Diane, puis avec Marie ; elle m'explique que nous atterrirons à Vélizy-Villacoublay, en banlieue parisienne, en présence du président Hollande.

Tout ça est très irréel. Trop rapide. Trop différent. Je n'y suis pas préparé. Je me demande ce que je fous là et comment les Kauffmann et autre Betancourt ont géré, en leur temps, ces amplitudes sensorielles extraordinaires.

Le docteur Schmidt, qui me suit depuis Kidal, procède à un nouvel examen clinique, puis je cherche à m'assoupir. Je suis seul face à moi-même. Le reflet du hublot dessine l'image d'un coupable, coupable de survivance. Philippe aurait dû rentrer à bord de cet appareil avec moi. Les circonstances de sa mort restent floues. Il m'appartiendra, avec le temps, d'en découvrir le scénario. Il est parmi les morts. Je suis parmi les vivants. Et je crains de devoir habiter un moment entre les deux royaumes. Peut-être le lui dois-je. Tout ça dégueule d'absurde. Pourquoi lui et pas moi ? Je comprends combien l'euphorie du moment n'est qu'un vernis fragile qui cache un champ de ruines. Il me faudra probablement lutter contre bien des fantômes avant de recouvrer une vie ordinaire. Ce sera le sens même de ma vie que de revenir à la simplicité d'un boulot, d'un foyer aimant, de soirées entre proches...

10 décembre 2014, 7 h 45, heure française. Le Falcon s'est immobilisé sur la piste.

La porte s'ouvre.

Marie, Loïc et Diane me précèdent. A mon tour, je descends les quelques marches qui mènent la terre ferme. Une marée humaine me fait face. Des dizaines de caméras, des centaines d'appareils photo déferlent sur moi, prêts à m'engloutir. Ils m'agressent. J'entends des cris, des applaudissements. Je me sens comme au ralenti. Je suis propulsé dans une autre dimension. Tous devant moi vivent selon le temps universel. Moi, je bouge, je pense, j'agis dans mon temps à moi. Un temps inerte, ou fragmentaire. Au pied de la passerelle m'accueillent le président Hollande et son ministre de la Défense Jean-Yves Le Drian. Poignées de main, embrassades, accolades… Je vais même jusqu'à prendre la nuque du président dans ma main en le regardant droit dans les yeux pour lui témoigner ma reconnaissance. La bonhomie du personnage m'autorise cette familiarité. Je lui glisse, en manière de boutade : « Je suis très embêté, monsieur le président. J'ai égaré mon passeport... »

Diane applaudit et fait parler sa joie. Je me laisse porter. Tout m'est inaudible. Je n'assimile rien. Ne comprends rien. Ne vois rien.

Le président prend la parole :

— Bienvenue ! Cela fait trois ans que l'on vous attend. Trois ans à souffrir avec vos compagnons d'infortune. C'est une joie de vous accueillir parce que je m'étais donné comme objectif de libérer tous les otages. Votre libération est une joie, il n'y a plus d'otages français dans le monde. N'allez pas, chers concitoyens, dans des endroits dangereux, dans des lieux où vous pouvez être enlevés. Le monde est dangereux, poursuit le chef de l'Etat. Il y a des régions où il ne doit pas être accepté d'aller en voyage. Il n'y a plus de questions à se poser », conclut-il en me donnant la parole.

C'est donc mon tour :

— Etre otage ce n'est pas simple, c'est même un peu compliqué. La vie est belle de retrouver la liberté. N'oubliez jamais qu'être un homme libre, c'est faire attention à soi, être impatient de retrouver sa famille, de sortir, d'aimer. Etre un homme libre c'est faire attention où l'on va, comme l'a dit le président de la République. J'avais oublié ce qu'était la liberté. C'est plus cher que tout. Quand on est malmené, au bord de la mort, on pense davantage à la vie. Vive la liberté et merci aux gouvernements qui m'ont libéré. Merci aussi au peuple français. Je suis heureux d'être revenu. Je récupère peu à peu. Je ne suis pas très bien physiquement, fatigué par le voyage mais content d'être en vie. Je suis hyper tendu mais à part ça, ça va, je crois. »

Puis nous rejoignons les salons d'honneur. Ma famille est là. Celle de la maman de Diane aussi, de même que celle de Philippe. Son père s'écroule dans mes bras. Que puis-je bien lui dire ? Ombre et lumière se côtoient sur le tarmac... mais l'effervescence du retour s'obstine à préférer la deuxième, ignorant la souffrance des Verdon. Je m'adresse au fils de Philippe :

— Ton père et moi avons vécu des moments terribles. Puisqu'il n'est pas rentré, sois sûr que tu peux me considérer comme ton père. Si tu le veux. Si tu en as besoin.

Je ne vois pas Mei dans cette constellation agitée de regards familiers et inconnus. J'avais de toute façon peu d'espoir de la revoir. Comment aurait-elle pu être là, elle qui n'a pas de papiers ? Que pouvait-elle bien attendre de toutes ces années d'absence ? Que pesaient nos quelques mois de relation face à trois ans de détention ? La probabilité est grande qu'elle soit rentrée en

Chine. Comment le lui reprocher ? L'incertitude était une difficulté de plus dans sa clandestinité. Elle a essayé, à travers nous, de gagner une visibilité. Je l'ai replongée dans le doute, l'opacité et le sentiment d'impasse. Je m'étais préparé au scénario de son départ. Je m'étais même souvent forcé à ne plus du tout penser à elle pour me préserver des déceptions.

Un bataillon de journalistes me bombarde de centaines de questions. Certaines me paraissent hors de propos. Ils font leur boulot, je le sais. Mais je ne peux m'empêcher de voir en eux des prédateurs autour de la bête blessée. Savent-ils seulement que dans une autre vie, bel et bien révolue, j'ai moi-même été journaliste ? Soupçonnent-ils ma carte de presse serbe ? Le moment n'est pas le bon. Je me livrerai plus tard. La cérémonie prend rapidement fin et toute la famille est invitée à rejoindre le Novotel du XVe arrondissement de Paris, sur les bords de Seine. Nous y sommes accueillis avec égards et le souci de rendre ce retour aussi confortable que possible. L'hôtel, pointe vermillon dressée vers le ciel du quartier de Beaugrenelle, est l'occasion d'une nouvelle perte de repères. La vue sur Paris est magnifique, abyssale même. La statue de la Liberté paraît toute petite, plantée au bout de l'île aux Cygnes.

J'en ai des vertiges. Au point qu'il me faut prendre appui pour tenir debout.

Le premier cercle a investi l'hôtel. Seulement lui, intime et resserré. Joyeux et recueilli. On dirait la joie feutrée qui accompagne l'arrivée d'un nouveau-né dans une famille. Nous sommes huit : Diane et son conjoint, la maman de Diane, ma première femme, sa sœur et leur mère, ma mère et ma sœur.

La plus grande de nos chambres est érigée en QG familial. Nous nous y retrouvons et y bavardons. Je retrouve le rôle du patriarche comme si je ne l'avais jamais quitté. Aussi longue et tumultueuse a-t-elle été, la parenthèse malienne paraît déjà refermée. Nous nous comportons les uns avec les autres comme si rien de si dramatique ne s'était passé. Du déni ou de la pudeur, je ne saurais le dire. Seuls quelques regards trahissent l'émotion. Les yeux ne mentent pas. Surtout ceux de ma mère. Ils mélangent affection et retenue. Tout juste l'ai-je aperçue et embrassée dans l'effervescence de Vélizy. Je peux enfin profiter d'elle. Ses cheveux cendrés de septuagénaire et ses grands yeux clairs rappellent Simone Signoret. Une jolie femme qui s'est trop longtemps cachée sous une écorce paysanne. Son visage impose le respect. Il revendique la sagesse des braves, la sincérité, la simplicité, et témoigne de la femme qu'elle a été. Il annonce courage et abnégation. Costaude, elle l'est depuis des années devant la maladie. Même si je craignais de ne pas la revoir. Sacrée femme. Du haut de ma cinquantaine et de mon double mètre, moi le taulier de la famille, je me sens toujours plus petit qu'elle.

— Tu sais, Buco, me dit-elle en serbe, posant sa main pure sur mon front, j'ai visité bien des monastères. En Serbie, au Monténégro, en France... Partout je leur ai demandé de prier pour toi. Je suis même allée jusqu'à Jérusalem. J'ai glissé un petit mot dans le Mur des lamentations. Et j'ai été entendue !

Je lui souris. Je l'imagine, petite chrétienne orthodoxe, immergée dans ce berceau des religions, à quatre mille kilomètres de Paris. Je la vois seule au pied du mur, au sens propre comme au figuré, en appelant à Dieu, quel qu'il soit, pour qu'il vole au secours de son seul fils. Je vois que ma sœur, de seize mois mon aînée, a capté quelques bribes de notre échange. Je surprends son esquisse de sourire, ce sourire de cire, si singulier, des filles de l'Est. Elle est là, bien sûr. Et sa présence me chauffe le cœur. Dame de compagnie de son métier, elle qui voue sa vie professionnelle aux autres, elle saura me ménager, en intégrant tous les paramètres psychologiques comme physiologiques du retour.

Elle est un soutien majeur, tout comme le sera probablement la mère de Diane. Elle et moi sommes restés très proches. Les mots qu'elle a trouvés pour moi, à la descente de l'avion, sont ceux d'une affection indéfectible ; quand bien même chacun a refait sa vie, sans amertume ni équivoque. Diane est notre lien. Nos histoires respectives acceptent qu'un premier chapitre ait été écrit, qu'il compte et qu'il ait construit en partie nos vies. Elégante, jolie, cultivée, elle a ce petit supplément d'âme de ceux qui se sont expatriés. Elle a vécu à l'étranger... Elle est ouverte et curieuse, un peu en rupture avec le conservatisme bourgeois qu'on croit deviner chez sa mère, et qui tend à s'étioler de génération en génération. Aux premiers jours de notre relation, pour les plus anciens du clan, j'étais un étranger, mais aussi, par chance, « un Yougo qui ne vole pas dans le métro » ! Les temps ont changé. Elle est maman de deux petits Africains. Elle s'est battue pour leur adoption et est allée les chercher alors qu'ils étaient tout jeunes. Ils sont aujourd'hui des ados qu'elle élève avec amour.

Sa sœur est là, aussi. Cette beauté froide, droite et fière, a toujours été gentille avec moi, même si j'ai conscience de ne pas avoir été l'homme dont elle rêvait pour sa sœur.

Diane, dont on me rapporte l'omniprésence auprès des institutions et dans la presse, est très discrète, détendue, probablement déjà dans le contrecoup. Elle et son mari s'isolent dans un chuchotement complice. Ils sont pacsés depuis quelques années. C'est un bon gars. Il bosse dans la création de logiciels, si ma mémoire est bonne. Je me souviens d'avoir toujours eu de bonnes relations avec lui. Simples. Franches. Sans avoir à m'inquiéter pour ma fille.

Je guette de leur part à tous un mot sur Mei. Aucun d'eux ne l'a rencontrée ni même ne connaît son existence, mais peut-être aura-t-elle cherché à prendre des nouvelles, à laisser un message pour moi, un numéro de téléphone, une adresse, une photo, un SMS… Que sais-je ? Rien ne vient. Peut-être que quelqu'un la sait repartie en Chine, ou au bras d'un autre homme. On veut m'épargner une nouvelle douleur ? A moins que personne n'ait entendu parler d'elle, tout simplement. Je préfère taire ma déception.

La respiration familiale ne dure pas. Mon marathon reprend. Une voiture officielle nous attend, le docteur Schmidt et moi, pour une batterie de tests médicaux et psychologiques programmés au Val-de-Grâce. Je prends donc congé de la petite assemblée et gagne l'hôpital des armées, dont j'ai une image indissociable des grands épisodes de la vie médico-républicaine : Mitterrand s'y recueillant devant la dépouille de Bérégovoy, Raymond Barre y quittant notre monde, Chevènement y revenant... Le « Val » est l'hôpital des puissants, des spéculations médiatiques, du pouvoir et de sa succession. Aucune photo de ses couloirs ni de ses chambres ne filtre jamais. Curieux de le découvrir, je me serais pourtant volontiers contenté d'Avicenne, à Bobigny.

— Monsieur Lazarevic, il faut dédramatiser. Vous n'êtes pas le seul à avoir vécu ça. Je suis mobilisé plusieurs semaines sur Ebola en Afrique. Je pars dans quarante-huit heures. Nous nous reverrons demain pour des examens plus complets. Mais prenez de la distance avec ce qui vous est arrivé. Tout ça est très cérébral, n'est-ce pas ?

— Je voudrais que ce soit si simple…

— Je pense que ça l'est. Si tout ce que vous avez dépeint était vrai, vous seriez mort aujourd'hui.

— Vous laissez entendre quoi, exactement ?

— C'est normal, monsieur Lazarevic. La solitude, le soleil, les carences alimentaires sont autant d'hallucinogènes.

Cette blouse blanche me laisse sans voix. Je le jauge difficilement, toujours dans l'adrénaline du retour à la vie. Après tout, il a peut-être raison. Mais quand même… ses propos sont du genre définitifs. Et je ne suis pas sûr d'aimer le bonhomme. Ce médecin s'écoute plus qu'il n'ausculte son patient. On peut être brillant et se comporter en trou du cul. Par excès de certitude. L'homme face à moi est fat. Ses intonations sont magistrales, son discours ponctué d'expressions désuètes. Il donne l'image du type qui ne se remet pas de sa réussite. Le Rastignac de la médecine militaire se garde de toute empathie. Compatir, c'est se mettre au niveau. Impossible pour un mec comme lui avec un mec comme moi. Il m'a préparé le minimum syndical. J'espérais un check-up complet et j'ai l'examen du tout-venant qui se sent un coup de mou. J'ai droit aux basiques prises de sang, de tension, et à deux ou trois poncifs de la visite médicale, stéthoscope plaqué sur le torse. J'espérais qu'on s'intéresserait à mes difficultés respiratoires, à mes inquiétudes cardiaques, à mes défaillances auditives, aux douleurs qui chaque jour transpercent ma chair...

Seul le psy accepte de me consacrer du temps. Jamais de ma vie je n'ai eu à me coucher sur le divan. Et ce ne sera pas pour cette fois, puisque nous sommes assis l'un en face de l'autre. Le professeur dégage une bienveillance et une disponibilité qui très vite libèrent la parole. Pendant plus d'une demi-heure, je déballe ce vécu encore si chaud. Il est une oreille attentive plus qu'un thérapeute pourvu de solutions miracles. D'autant que, d'emblée, je lui dis m'opposer fermement à la prescription d'anxiolytiques. Il ne parle pas, prend des notes abondantes. Ses sourcils épais, à la façon dont ils se déforment et se reforment, sont le curseur de ma parole. J'y mesure la portée de mes mots. Le bas du visage s'attache à demeurer impassible tandis que le haut indique son interprétation de l'histoire.

Cet échange me fait du bien. Je rentre à l'hôtel apaisé, mais déçu que le personnel de l'accueil n'ait pas de message de Mei pour moi. Aucun signe. Rien, malgré une journée pleine de tapage médiatique. Rien de rien.

Après le souper et pour la première fois depuis ma libération, je me retrouve seul. Seul dans cette chambre cossue du dix-huitième étage. Le père et le fils de Philippe occupent la chambre voisine. Les autres sont répartis sur différents niveaux. A nouveau, je ressens l'enfermement. Je voudrais ouvrir les fenêtres, mais c'est impossible. Je suis prisonnier d'un cube de verre. Je me calme, prends sur moi et entreprends de regarder la télévision. Et là, nouveau choc.

Imaginez-vous propulsé aujourd'hui devant un journal télévisé de décembre 2019 ! Vous y verriez des personnages a priori publics que vous n'avez jamais vus ; y compris des responsables politiques et des figures culturelles. On y ferait référence à des moments ou à des événements qui vous sont absolument étrangers. Les mots eux-mêmes vous seraient parfois inintelligibles : des néologismes ou des expressions contemporaines. Je suis un Indien dans la ville, un Martien qui déboule sur Terre. Des journalistes-présentateurs que je ne connais pas, sur des chaînes complètement remarketées, s'agitent autour d'un projet de loi controversé dit « Macron », du nom du ministre de l'Economie. Le visage juvénile de ce quadra m'est totalement inconnu.

Les news s'égrènent. Elles évoquent maintenant

l'arrestation d'un malfrat qui aurait fait fortune sur Instagram. Instagram ?! Un robot nommé Philae tente en ce moment même de forer la carapace d'une météorite. La prouesse laisse rêveur. Dubitatif, aussi. On peut chercher des minerais extraterrestres à cinq cents millions de kilomètres, mais on ne retrouve pas des géologues perdus dans le nord du Mali...

L'actu continue de se déployer sous mes yeux de sauvage. L'imbroglio syrien déclenche des vocations, et des jeunes Français partent mener le djihad. Comment peuvent-ils être aussi naïfs, aussi malléables ? me dis-je. Ces petits cons, savent-ils seulement vers quoi ils s'embarquent ? En 2011, la révolution syrienne avait fait son nid dans les printemps arabes. Les belligérants sont aujourd'hui bien différents des opposants pacifiques des débuts. Je mesure que la floraison, celle des idées, celle de la liberté qu'on attendait, consécutives à ces printemps arabes, a tourné au vinaigre. Des régions entières sont passées d'un joug à l'autre.

Evidemment, les images de mon retour inondent le PAF. Je retrouve ma trogne au hasard du zapping. Et décidément je n'aime pas me voir à l'écran... toujours en lutte avec ce sentiment schizophrénique. Ce lascar omniprésent, souriant, au visage creusé, c'est vraiment moi ? Au hasard d'un sujet qui m'est consacré, un journaliste contredit François Hollande, qui se targue d'avoir libéré, à travers moi, le dernier otage français : un chef d'orchestre enlevé au Mexique en juillet 2011 serait toujours aux mains d'un cartel local. Le Quai d'Orsay se refuse à qualifier notre compatriote d'« otage » au motif que ses ravisseurs n'ont pas de revendications politiques. L'acte serait, nous explique-t-on, « crapuleux ». Il est vrai que les décisions stratégiques, diplomatiques ou militaires de l'Etat ne sont ici pas en cause. Il n'en demeure pas moins que mon enlèvement à moi était aussi « crapuleux » que celui de ce pauvre gars. Il s'est aussi agi d'argent, de racket, de pouvoir… La dimension politico-religieuse a bon dos !

La nuit est agitée. Toutes les demi-heures, le doute me réveille. Il me faut vérifier que je ne suis pas retourné au Mali après une hallucination plus réaliste que les autres. Le contact des draps. La souplesse du matelas. Le bruit sourd de la circulation. Tout est à réapprendre dans cette nuit sans noir, cette nuit que contestent une diode, un filet de lumière sous la porte, un bruit sur le palier ou une sonnerie de portable dans le couloir…

Au matin gris, j'honore les examens médicaux programmés. Le docteur Schmidt n'est plus tenu de m'accompagner. Le narcissique patenté, lui, est fidèle au poste. Mais il a déjà un pied en Afrique. La tête aussi, c'est évident. Son paquetage militaire trône derrière lui. Il n'en est pas peu fier. Le programme qu'il m'a concocté évite avec soin tous les examens auxquels je tenais et que je m'étais permis de réclamer. Je ne suis pas médecin et ne prétends pas l'être. Mais j'aurais été rassuré par une coloscopie. J'ai mal au ventre depuis si longtemps ! J'espérais aussi un test de densitométrie osseuse. Je me sais carencé en tout. J'avais demandé à voir un urologue, un ORL... rien de tout ça ne m'a été accordé. Je ne comprends pas. Quel est le problème ? Ce n'est pas le coût, pas au pays de la CMU. Quand bien même toutes ces requêtes n'auraient pas de justifications médicales, elles m'étaient importantes. Un diagnostic et des résultats satisfaisants auraient été plus que rassurants, moteurs. Ils auraient ancré ma convalescence. Les toubibs auraient pu faire semblant, au moins. Manifestement, Rastignac s'en fout, et moi, je fais du cinéma. Je m'écoute. S'il le pouvait, il me demanderait d'aller bosser demain matin. Sans plus faire de chichis.

De retour au Novotel pour une dernière nuit, j'entends Marie m'expliquer qu'une solution transitoire vient d'être trouvée. On m'installe dans la maison de ma mère, en banlieue parisienne.

En fait, ma mère n'y vit plus. Elle loue ce pavillon de banlieue devenue inadéquat pour son âge et sa santé. Elle en tire un modeste revenu, que j'ai amélioré en aménageant deux petites annexes mitoyennes de douze mètres carrés chacune, avec entrée et sanitaires indépendants. Il a été décidé, sans me consulter, que je prendrais quartier dans l'une d'elles. Tout à fait provisoirement, m'assure-t-on. Les modalités me sont opaques mais j'admets volontiers ne pas avoir l'esprit très clair. Après tout, si cette solution de transition est pratique pour tous, pourquoi pas ?

Je retrouve donc dès le lendemain cet endroit où j'ai fait tant de travaux entre 2009 et 2011. Le clan s'est disloqué, chacun est retourné à sa vie. Mon ex-femme et sa famille à Bordeaux. Les Verdon en Dordogne. Diane et son mari dans le XIIe… Les au revoir ont été pleins de promesses et d'espoir. Je suis entre de bonnes mains, me dit-on, puisque pris en charge par les plus hautes strates de l'Etat.

J'arrive au domicile qu'on m'a affecté. Seul. Complètement seul. Et sans bagages.

On m'a enlevé à poil. On me ramène à poil. Le dénuement semble une obsession du destin.

Rien n'a changé dans le quartier. Une dame que je ne connais pas m'ouvre le petit portail. Il grince toujours. Je ne sais pas qui elle est, mais elle me confie les clés du meublé. L'endroit est triste et gris. Il n'a pas d'âme. Pas de chaleur. J'entre et m'assois sur le lit. J'ai l'impression d'être au pied d'une nouvelle montagne.

III

Et maintenant ? Je fais quoi ? Je commence par quoi ?

Seule la nervosité accumulée me tient encore debout. Exténué, je n'aspire pourtant pas tant que ça au sommeil. La nuit et le noir charrient trop d'angoisses.

L'ultime étape du voyage me surprend. Je ne m'attendais pas à me retrouver si rapidement seul, et ici. J'imagine qu'il y va de ma récupération et de mon mieux-être. C'est très certainement une recommandation des hautes instances qui m'ont accueilli ; se ressourcer suppose peut-être de se confronter à soi, loin des dangers, loin des sollicitations dont je pourrais faire l'objet : la presse, les proches, les curieux, les intéressés, les bienveillants... Je dois probablement me protéger du monde et des lumières pour me réapprivoiser.

J'aurais cependant aimé qu'on m'en dise davantage sur les prochaines échéances. Je suis un peu perdu. Qui me joindra et comment ? Je n'ai pas de téléphone. Quand Marie et Loïc se manifesteront-ils ? Qu'ont prévu les autorités ? Y a-t-il un « protocole de reconstruction » pour les types abîmés comme moi ? Un programme de réparation ? Comment Mei pourra-t-elle reprendre contact si elle le souhaite ? Seul dans ma tanière, je ressens un grand dénuement et une grande dépendance ; sans toutefois savoir ni de qui ni de quoi je dépends exactement.

Ma mère, Diane et ma sœur ont fourni la logistique de base. Slips, chaussettes, gel douche, brosse à dents, un ou deux pulls et quelques centaines d'euros me promettent un minimum d'autonomie ; un peu comme pour un ado que ses parents s'essaieraient à laisser seul pour un long week-end. Le tout petit coin-cuisine est approvisionné de riz, de pâtes, d'huile et de quelques conserves. J'ai donc ce qu'il faut pour ces premiers jours, même s'il est inconfortable, pour ne pas dire humiliant, de se savoir sans passeport, sans carte d'identité et sans carte bancaire. Toutes ensemble ou séparément, les femmes de la famille s'emploient à me rendre des visites régulières, chaleureuses mais trop courtes à mon goût. J'ai le sentiment grandissant qu'on veille à me préserver du monde extérieur plus que je ne le souhaiterais. Je ne tiens pas spécialement à me cloîtrer dans le repos et les souvenirs. C'est plutôt le contraire. Je suis prêt à m'exposer. J'en ai soupé, de la solitude. Si transition il doit y avoir, qu'elle ne s'éternise pas.

A moins que ma compagnie et l'image que je renvoie ne soient trop complexes à gérer. Je l'admettrais, d'ailleurs, si je devais l'entendre. Le type que Diane, ma sœur et ma mère ont tellement attendu n'est pas celui qu'elles ont retrouvé. Peut-être le nouvel homme qui se présente à elles les déçoit-il par son âpreté, ses silences, les indices d'une inconstance psychologique, les trop maigres démonstrations affectives et les handicaps physiologiques. Il est exigeant. Trop. Elles ont une vie, à commencer par Diane, qui a son propre foyer. Peut-être s'attendaient-elles à un retour différent. Peut-être me faut-il travailler sur moi, sur mon comportement ou ma façon d'être. Me côtoyer, c'est un peu côtoyer un malade. On ne sait trop sur quel pied danser.

L'objet du mal doit-il être abordé ? Est-il tabou ? La prochaine crise n'est-elle pas en train de couver ?

Les fêtes de fin d'année sont gâchées par les douleurs. Les spasmes sont si forts que je ne tiens pas debout. Les nausées me font craindre le pire. Les sueurs sont rendues plus glaciales encore par les aigreurs gastriques. Chaque parcelle de mon anatomie garde en mémoire des coups, des piqûres de bestioles, des traumatismes... On dirait bien que, ce soir, toutes ces joyeusetés décident de faire ensemble la rétrospective de ces trois années. Sitôt ma sœur retrouvée, je dois la quitter pour m'aliter. C'est l'expression des limites qui s'annoncent. J'ai l'envie de regagner ma place dans cette famille, dans la vie, mais j'en suis incapable dans l'immédiat. Naïvement, nous pensions tous que les choses se feraient aussi spontanément qu'instantanément.

Machinalement, je passe ma main sur l'arrière de ma tête. J'en sens le relief accidenté, les œufs de pigeon et les vilaines cicatrices. Les images du désert me reviennent, les grosses chaussures de Bouari qui s'essuient sur mon crâne... J'ai été cabossé, au sens littéral du mot. Mais aussi jusqu'au fond de mon être.

Je gamberge certainement trop, mais ça ne change rien à l'évidence : la réinsertion ne sera pas si facile. La libération ne suffit pas à la délivrance.

Il me faut un objectif. Le premier que je me mets en tête est de reprendre possession de ma voiture. Ma Mercedes 250 turbo D est sans grande valeur, mais je la vois comme un point d'appui pour reprendre pied. Philippe et moi l'avions laissée au parking longue durée d'Orly le jour de notre départ pour le Mali. Diane l'a récupérée et confiée à l'une de mes connaissances, un supposé copain garagiste. Supposé… Je retrouve une épave roulante. Me croyant probablement promis au pire, il n'a pas hésité à utiliser ma voiture comme véhicule de courtoisie ; jusqu'à ce que, trop amochée, elle se retrouve abandonnée dans une rue de Montreuil. J'en ai été quitte pour une remise en état et, depuis, je circule sans permis, sans carte grise, sans assurance.

J'ai vécu cet épisode comme une épreuve ; tout m'a été difficile, bien au-delà de la petite trahison. Rallier Montreuil depuis chez moi pour récupérer le véhicule. Pour ce faire, prendre les transports en commun. Me frotter au monde, à la vie, à la promiscuité dans les trains, aux regards… Croire à tort être reconnu, démasqué. Manquer d'air et de souffle. Craindre d'être malade et chercher en hâte des toilettes ou un sac en plastique. S'étourdir de tous ces pas pressés, de la cacophonie urbaine. Ne voir que du gris et des couleurs délavées. Devoir admettre que tous ces gens ignorent mon calvaire. Stigmatiser malgré moi certains visages ou certaines tenues. Revenir à ma piaule et à la persistance de la solitude, et compter les jours. J'ai tâché de prendre sur moi. De me rappeler qu'il fallait réapprendre, tout simplement. Cet apprentissage, je ne veux pas y mêler ma famille. Ou le moins possible. Je suis encore trop fragile. Je veux me reconstruire autrement. Sans elle.

J'arrive à Belleville en cet après-midi blafard du début janvier 2015. Mon cœur bat comme celui d'un jeune soupirant. Ai-je une chance de l'y retrouver ? J'en doute. Pourtant, je me sens fébrile. D'une émotivité inhabituelle, je sens mes sentiments se mélanger. La nostalgie de mon enfance s'ajoute à l'espoir, au désir. La nostalgie d'une époque.

Je retrouve l'atmosphère propre au quartier, métissée et tellement vivante. Le coiffeur arabe reçoit toujours sa clientèle sur des chaises de cuisine en formica. La coupe à la tondeuse reste à cinq euros, sans shampooing, mais avec de la musique raï. Le restaurant juif tunisien revendique autant son identité yiddish que les meilleurs falafels du nord de Paris. Ambiance kippa et bonne cuisine. Plus loin, le magasin asiatique a toujours en vitrine sa camelote, breloques et chinoiseries bon marché. Espérance de vie des produits douteuse mais prix imbattables. Je rends visite à la crêperie, à la pharmacie…

Belleville, où j'ai grandi avec mes parents, cultive sa singularité. Le quartier est un exemple non pas d'intégration mais de coexistence réussie. Les confessions, qui se font la guerre partout ailleurs, vivent ici ensemble sans heurts ni tensions. Elles se gèrent. Je ne sais pas si elles s'estiment. Je crois qu'elles se respectent. Et n'ont pas besoin de grands discours pour cela.

Garé à proximité de la rue des Couronnes, je remonte le boulevard de Belleville. Certains des sophoras qui, aux beaux jours, ombragent les trottoirs ont été abattus. Les autres sont dénudés par l'hiver. Je retrouve les trognes locales, et j'en souris. Le touriste pourrait croire avoir rencontré Benjamin Malaussène en personne, Madame Rosa ou Casque d'or. Une nouvelle « ethnie » a renforcé sa présence depuis mon départ pour le Mali : les bobos. J'en croise deux ou trois spécimens, au look soigneusement décontracté, dont les parents ou les grands-parents ont probablement tout fait naguère pour éviter le coin. J'imagine que leurs enfants prendront malgré tout le chemin des bons lycées du centre. C'est bien de se mélanger, mais pas trop quand même. Pourtant, ça se voit, Belleville n'est plus le domaine exclusif des couches populaires et de l'immigration.

Ces rues ont façonné l'essentiel de ma vie. Elles sont le point de départ de chaque époque de mon existence. Les relations, recommandables ou moins recommandables, les boulots, flatteurs ou moins flatteurs, les opportunités... Tout est né là. Même les activités que j'ai exercées à l'autre bout de Paris ont Belleville pour racines.

Je ne suis pas de ceux qui sont nés une cuillère d'argent dans la bouche. J'ai gagné ma vie comme j'ai pu, autodidacte en toute chose. Je me suis engagé auprès du mieux offrant dans cette cour des miracles. Les vertueux seront tentés d'y voir de la vénalité ou de l'amoralité. Il faut y voir plutôt du pragmatisme, parfois une nécessité. Je n'ai pas hésité, avec le temps, à me détourner de mes premiers métiers. Même si le bâtiment et la construction me confiaient, chemin faisant, plus de responsabilités, jusqu'à celle devenue presque systématique de contremaître, j'ai aussi multiplié les missions de sécurité, plus lucratives. La nuit parisienne était mon principal employeur, en particulier quelques boîtes branchées pour lesquelles je dirigeais le travail des molosses chargés d'assurer la tranquillité de la clientèle.

Plus tard, j'ai réussi à fédérer les deux univers : construction et sécurité. J'étais le « nettoyeur » d'une entreprise sociale de l'habitat, en Ile-de-France. D'aucuns porteront un regard sévère sur la fonction. Mon boulot était simple. Il consistait à virer squatteurs et occupants illégitimes des habitations. Le propriétaire ou le bailleur n'a que ce choix si ses biens sont squattés avec installation électrique et changement de serrure : soit il suit la voie légale, entamant une procédure de plusieurs années qui, outre le manque à gagner, lui fait courir le risque de dégradations lourdes. Ou il fait appel à un type comme moi. J'admets que les contours juridiques de cette deuxième option restent assez flous. Je ne m'en préoccupais pas, d'ailleurs. Je constatais juste qu'on ramenait le délai de règlement du problème à quinze minutes. Que ce soit par la porte et en douceur, ou par la fenêtre et avec fracas, les squatters libéraient toujours les lieux. Le plus souvent, l'intimidation suffisait.

Ceux qui me voient comme le salaud qui jette le pauvre à la porte doivent considérer un instant l'autre face du problème. Le droit de propriété est un droit naturel garanti par la Constitution ; il reste un des fondements de la démocratie. Les squatters et occupants illégitimes le dénient. Par ailleurs, le bien libéré était reversé dans le parc locatif et donc remis à la disposition de foyers en demande, souvent eux-mêmes familles modestes. Le boulot n'était pas gratifiant. J'avais conscience qu'il était statutairement contestable, apparenté à celui de « milice privée ». Je n'étais ni assermenté ni représentatif de quelque juridiction compétente pour ce travail de gros bras.

Dans les rues de Belleville, je reconnais quelques visages, surtout parmi les commerçants. Certains d'entre eux sont plus que des connaissances et moins que des amis. Des amis, je n'en ai pas. Mon retour fait éclater cette réalité ; y compris dans ce quartier que je connais mieux que le fond vide de ma poche. L'amitié sincère, loyale, vertueuse, fidèle. Celle du cœur, d'un choix mutuel, de vœux réciproques... Je n'ai qu'un nom en tête, celui de Philippe. On dit que vivre sans ami, c'est mourir sans témoin. Personne, sauf ma famille, ne se désole de mon sort. Nul ne s'en inquiète, à part quelques relations, peut-être. Comme ce bon vieux Momo qui m'interpelle :

— Serge ! C'est bien toi ?

— Oh ! Momo ! Content de te voir. Ça fait un bail !

— Viens, mon frère, viens prendre un thé. Dis donc, on s'est beaucoup inquiétés pour toi. Ça a l'air d'aller plutôt pas mal. Et t'es devenu une vraie star ! On te voit partout...

Dans l'arrière-boutique de l'épicerie, Momo parle, parle encore, m'interroge sur mes conditions de détention, dénonce ces Arabes qui souillent ses origines et sa culture... Il fait les questions et les réponses, me recommande de prendre du repos, d'écrire un livre. Il en fait des caisses sur notre relation de longue date. Je trouve ça plutôt touchant.

— Tu te souviens des deux Kabyles qu'on appelait « les frangins » ? me demande-t-il.

— Je me souviens d'une histoire sur des vols présumés de mobylettes...

— Oui, c'est ça... ces deux gars. Eh bien, il paraît qu'ils ont rejoint des groupes terroristes dans le sud de l'Algérie, peut-être au Mali. Et tu sais ce que je dis toujours, il n'y a pas de fumée sans feu ! Je suis sûr que ces salopards sont passés du mauvais côté. Moi, ces mecs, je ne les ai jamais sentis. Peut-être même qu'ils savaient où tu étais retenu. Serge, prends des loukoums, des cornes de gazelle. S'il te plaît, c'est ma femme qui les a faits.

Momo continue sur ce thème, persuadé que des types du quartier ont rejoint les rangs d'Aqmi. Sous le sceau de la confidence, il me glisse que j'aurais peut-être gagné la mansuétude des geôliers à leur dire mon attachement à Belleville. Il me tape gentiment sur l'épaule, m'encourageant, complice, à aller de l'avant.

Ses attentions me touchent, mais ce n'est pas pour lui que je suis revenu à Belleville. Je reprends mon chemin regonflé par sa gentillesse et lesté d'un stock de pâtisseries orientales. Les trois cents ou quatre cents mètres qu'il me reste à parcourir sont jalonnés d'autres retrouvailles, d'autres accolades. Patrick, Ibrahim, Dan, Michel, Lucette... Ils sont plusieurs à m'arrêter, à m'inviter, à m'assurer de leur disponibilité. Quelques inconnus se joignent aux discussions qui s'improvisent sur le trottoir.

Enfin, j'arrive à la bonne adresse. L'enseigne scintille d'énormes caractères chinois. La vitrine donne dans l'outrance et la surenchère lumineuses, dans le mauvais goût aussi. On y voit coexister tout et n'importe quoi. De la hi-fi et vidéo bas de gamme, du mobilier laqué au kitsch absolu, de la vaisselle, des gadgets tous plus inutiles les uns que les autres, sans compter les maneki-neko, ces chats au bras articulé qui apportent la chance… Bref, c'est un authentique bazar asiatique de Belleville.

Tout comme les restaurants de sushis sont rarement tenus par des Japonais, ce magasin chinois n'est pas géré par un « Wenzhou » mais par un Vietnamien. Je le vois s'affairer sur son rayonnage, avec les gestes rapides et précis d'un automate. Chaque fois que je me suis présenté ici, je l'ai vu se livrer au même exercice. Se sentant probablement observé, il s'interrompt et lève les yeux jusqu'à moi.

Son visage affiche soudain la même stupéfaction que s'il avait vu un fantôme. Il se lève et, sans même prendre le temps de me saluer, se précipite dans le petit escalier qui serpente en colimaçon derrière le comptoir tout en braillant dans un charabia tonique et incompréhensible. Les quelques clients venus chiner la bonne affaire dans ce capharnaüm se raidissent d'un seul mouvement et font converger vers moi des regards inquisiteurs. Pas très à mon aise, je trouve une contenance très artificielle. Je retourne des emballages au hasard et feins quelque intérêt pour les prix ou les caractéristiques techniques. Je ne sais pas ce que j'attends, mais je reste planté là, figé et indécis.

Soudain, elle m'apparaît, surgie des entrailles du bric-à-brac, les bras chargés de boîtes multicolores. Mei se tient devant moi, à deux ou trois mètres. Pas d'étreinte. Nous ne savons pas si nous devons nous embrasser. L'émotion est forte. Je reviens dans sa vie avec timidité et retenue, mais avec l'intention ferme d'y rester. Elle est belle. Magnifique. Plus encore que dans mes souvenirs. Ses lèvres tremblent. Elle s'efforce de contenir des larmes qui finissent malgré tout par couler le long de ses joues. Je m'approche. La débarrasse de sa charge, lui prends les deux mains. Son regard est d'une grande tendresse. Il se passe de mots. Il se passe de toute démonstration. Il me suffit.

— Alors, tu ne m'as pas oublié ?

— Je t'attendais, me répond-elle dans son français maladroit. Je savais que tu reviendrais. Tu es fort. Je le savais.

Le patron vietnamien ne rate rien. Il a même convoqué sa femme et son personnel au spectacle de nos retrouvailles. Bien vite, pourtant, il est rattrapé par son rang et son devoir d'autorité. Il vocifère à tous qu'il faut reprendre le travail. Mei sera disponible à 19 heures. Pas avant ! J'y serai. Une caresse sur le visage de ma jolie Chinoise et je décide, pour tuer le temps, de gagner le boulevard Richard-Lenoir, à une vingtaine de minutes de marche.

Je retrouve Pierrot, son bar et ses habitués, lesquels m'accueillent avec les mêmes questions et les mêmes recommandations. Je reconnais quelques piliers, qui déjà ne quittaient pas le comptoir de chêne et qui, aujourd'hui encore, sirotent pastis ou ballon de rouge, comme si le temps s'était figé un jour de 2011. Ce n'est donc pas tout à fait par hasard si je tombe sur ce vieux Georges : il fait partie des murs. L'homme a la gouaille du vieux Paris, à la Maurice Chevalier. Fier de sa ville, il n'en déplore pas moins la mort lente mais inexorable. Toujours heureux quand il est avec ses potes, il clame haut et fort les vertus médicinales du bon pinard. « Le sang de la Sainte Vierge », comme il dit. Il ne paraît pas plus surpris que ça de me voir.

— Alors, ça y est, me dit-il, tu as regagné le

bercail. Qu'ils crèvent, ces salopards d'intégristes ! Je leur foutrais des bombes sur la gueule, moi.

— Content de te voir, Jojo. Quoi de neuf ?

— Que du vieux, mon gars. Surtout par rapport à toi. J'ai vraiment cru que tu y resterais. Ravi que tu sois debout sur tes jambes !

— Merci, Jojo, c'est gentil.

— T'es au courant, pour Vlado ?

— Au courant de quoi ?

— Il est mort d'un accident cardiaque. Il y a quelques mois. C'est raide, quand même. C'est arrivé brutalement. Sans prévenir.

La nouvelle me laisse sans voix. Vlado et moi avions monté ensemble Realibat, une société du second œuvre et de rénovation du bâtiment. J'y avais mis des billes et je détiens encore trente pour cent du capital, en qualité d'actionnaire passif. Ça ne m'a jamais rapporté un kopeck, mais l'aventure m'intéressait. Nos origines serbes, qui nous avaient rapprochés, avaient suffi à entretenir entre nous un vrai climat de confiance. Je me fais l'effet d'être un chat noir ; le malheur se propage autour de moi. Après Philippe, Vlado.

Je me demande ce qu'a bien pu devenir la boîte. Il y aura des surprises, sans doute, comme souvent avec l'Administration française. Georges n'est pas très affecté. Il a la sagesse des aînés, l'expérience de l'ancien qui a déjà vu partir tellement de copains.

Quelques heures plus tard, Mei et moi rejoignons mon meublé. Nous n'échangeons pas un mot sur le trajet. Juste quelques regards complices. Nous n'avons pas d'autre endroit où profiter l'un de l'autre dans l'intimité. Elle vit à Belleville, dans un studio, avec une collègue de travail. J'imagine que les conditions de cette location ne sont pas bien claires, pour ne pas dire illicites – peut-être cachent-elles le racket d'un marchand de sommeil. La gêne ne nous a pas quittés, toujours palpable dans mon douze mètres carrés.

Comme pour témoigner de sa volonté de m'être utile, Mei arrange rapidement l'aménagement spartiate de la chambre. Elle retend avec soin la housse du clic-clac, repositionne les serviettes de toilette, ajuste les rideaux et prépare l'un de ces thés dont elle a le secret. Au jasmin. Nous trinquons à nos amours, qui refleurissent sur de belles racines. Nous laissons les sentiments prendre doucement le pas sur notre timidité. L'ardeur ne suffit pas à me rendre hardi. J'ai envie d'elle, bien sûr. Je pense qu'elle le voit. Mais je suis encombré de trop d'ombre, de trop de doutes. Comment gérer le désir quand il s'est tenu si longtemps endormi ? Vais-je être le jeune adolescent en manque de contrôle ou le vieux en manque de vigueur ? Je l'ignore et m'angoisse.

La douceur de Mei m'appelle à profiter du moment présent. Elle m'exhorte à m'y réfugier sans réserve. Ses mains éprises diluent mes tourments. Elle ôte ses vêtements jusqu'à se tenir complètement nue devant moi. Le creux de ses reins n'attend plus que celui de mes mains. Elle me guide et conduit mes doigts hésitants le long de son corps. L'orage heureux gronde en moi. Tout monte et se dresse gaillardement. Y compris mon assurance et mon rythme cardiaque. Je retrouve la douceur de sa peau, la volupté de ses seins. Ses cuisses s'ouvrent sur un jardin béni, ce « grain de riz », comme le nomment les Orientaux, prêt à satisfaire une appétence amoureuse retrouvée. Le murmure qui se livre à mon oreille, le souffle chaud de ses soupirs, chasse ma disette affective. Je vais pouvoir m'endormir dans son parfum vanillé. Après tant de jours et de mois sombres, je me réjouis de l'aube nouvelle et claire à venir.

C'est la troisième fois en trois jours qu'un monospace noir aux vitres teintées m'emmène jusqu'aux locaux de la DGSE, dans une caserne du XIXe arrondissement de Paris.

La Direction générale de la Sécurité extérieure constitue en effet mon seul contact régulier et appréciable avec les autorités. Marie et Loïc me témoignent toujours une vraie disponibilité, mais je les crois sans grands moyens administratifs. Jamais ils ne se dérobent devant mes sollicitations, sans pouvoir cacher que le costume et la fonction restent très formatés. Le poids des institutions est évident, la technocratie jamais complètement absente. Dommage, car nous apprenons à nous connaître et la relation m'est agréable. Au-delà de ces points de contact au Quai d'Orsay, la DGSE est maintenant mon relais le plus constant avec l'Etat.

A dire vrai, j'y vois une aubaine plus qu'une contrainte. Tout d'abord parce que les « interrogatoires » me rassurent ; ils attestent qu'on s'intéresse encore à ma situation malgré le silence de l'Elysée et des Affaires étrangères. Ensuite parce qu'en plus d'oreilles attentives et de visages sympathiques m'y attend un buffet à volonté. Trois jours consécutifs d'audition, ce sont quelque neuf repas gratuits. C'est toujours ça de pris ! Les solutions et ressources auxquelles je suis éligible sont encore très floues. Il me faut vivre chichement.

Prévenants, mes interlocuteurs font preuve de pédagogie. Ils m'expliquent chacune de leurs démarches, ses répercussions sur l'enquête et, audelà, sur la gestion de prochaines crises. Mon témoignage est un apport précieux, insistent-ils. De mon expérience, du moindre détail de mon vécu, ils tirent des enseignements de toutes natures, stratégiques, sécuritaires, militaires…

Ensemble, comme au cinéma, nous passons au crible une vaste base de données iconographique projetée sur le mur blanc d'une salle de réunion. Autour de moi, quatre bonshommes dont je ne saurais dire le métier exact. Agents ? Officiers ? Militaires ? Il y a aussi une femme, une psychologue qui s'éclipse pour m'attendre dans une salle contiguë et ponctuer les « séances photos » d'une écoute bienveillante. Nous nous attaquons d'abord aux sites que je pourrais reconnaître. On déroule sous mes yeux des photos de désert, de canyons, de montagnes, de pistes, d'exploitations minières, de plaines ravinées par les eaux. Je tends le doigt pour demander qu'on s'arrête sur un cliché. J'y reconnais un oued, un rocher. Mieux encore, je retrouve parfois certaines de mes constructions de fortune. Impossible de qualifier l'émotion qui me traverse quand je revois branchages et autres couchages improvisés, et même le fameux puits sur lequel je suis intervenu en bricoleur à tout faire. C'est un mélange contradictoire de joie d'en avoir réchappé et de résurgences traumatiques. J'en ai des picotements un peu partout.

Le catalogue de « tronches » est, lui, beaucoup moins probant. Les visages s'enchaînent, souvent fort peu cordiaux. Ils se mêlent et se ressemblent tous, avec la barbe et le chèche invariables. Je crois en reconnaître certains, avant de comprendre que c'est une illusion, un mirage de plus. Je suis incapable de distinguer un individu entre tous ces clones, entre tous ces clowns. Ma contribution semble toutefois donner satisfaction, sans pour autant que les officiers me gratifient de commentaires précis. Je tends quelques perches, glane une info ou deux, particulièrement sur la localisation des sites que j'ai reconnus. J'aurais aimé savoir si ma détention a franchi la frontière du Sud algérien ou si nous n'avons fait que « caboter » dans un petit périmètre... Mais ils ne lâchent rien.

L'étape suivante de mon retour à la vie devrait être la restitution de mes papiers d'identité. Pas si simple...

L'appartement que j'occupais dans le XIe arrondissement de Paris avait été partiellement vidé par la DGSI, la Direction générale de la Sécurité intérieure, peu après l'annonce de mon enlèvement, puis reloué durant mon absence. Je le comprends. Le loyer n'était plus perçu, et un propriétaire s'en trouvait lésé. Mais que sont devenues mes affaires ? Je n'ai jamais eu un grand attachement à la chose matérielle. Il n'y avait donc que très peu d'effets personnels dans ce meublé ; juste de vieilles fringues et les papiers qui jalonnent nos itinéraires : banque, retraite, assurances, fiches de paie... Quelques malheureux cartons, pas plus. Pourtant, personne ne sait m'expliquer où ils sont passés.

Où donc est ma vie ? Marie et Loïc n'ont pas d'explication. Quant à la DGSI, j'y ai bien des interlocuteurs identifiés, mais ils se montrent distants et indifférents. Ils bottent en touche et renvoient la responsabilité à d'autres. Je n'arrive à rien. Pourtant, puisque la DGSI a perquisitionné dès le début de ma détention, elle ne peut être totalement étrangère à la disparition de mes papiers. Personne, sur place, ne veut m'éclairer.

A chaque occasion, je reviens à la charge pour que me soit rendue ma vie administrative. Les méandres de l'Etat, les strates, les compartiments et le nombre des intervenants forment un système nébuleux et impénétrable. Ma mère et ma sœur avaient jugé mes vieilleries sans valeur ; elles disent n'avoir récupéré que trois ou quatre bricoles, préférant me racheter le nécessaire. Sur le reste, elles sont sans réponses, et leur incapacité à apporter une solution finit par m'irriter, contre toute logique. J'ai pourtant conscience que le temps s'est arrêté pour moi tandis qu'il s'écoulait pour le reste du monde. Mais je leur en veux de ne pas savoir. Comment ont-elles pu oublier d'accorder de l'importance à mes papiers, ce petit socle matériel qui les rattachait à moi ? Je le vis comme si elles m'avaient oublié, ou s'étaient résignées.

Mon sentiment d'être égaré dans un labyrinthe bureaucratique s'aggrave. J'y consacre mes journées. Je m'y épuise. Mes démarches demeurent sans suite, comme si je me heurtais toujours au même mur. Chaque fois la responsabilité est renvoyée d'une administration à l'autre. Chaque fois il me faut un document préalable qui dépend d'un autre. Et je tourne en rond. Je n'avance pas. Le syndrome de l'œuf et la poule.

La Caisse primaire d'assurance maladie me fait savoir que mes droits ont pris fin le 29 décembre 2014, sans être capable pour autant de me dire comment les réactiver. La nécessité évidente d'une prise en charge médicale régulière n'émeut pas mes interlocuteurs.

A la mairie, on m'indique n'avoir jamais rencontré de cas de figure comparable et ne pas savoir comment formuler une demande de carte d'identité. Je fais appel aux assistantes sociales de ma commune ; elles se rendent disponibles… Pendant un moment, je crois qu'elles sauront déverrouiller les problèmes. Au final, elles me recommandent des démarches que j'ai déjà engagées de mon côté sans succès. Elles essaient de joindre elles-mêmes par téléphone des services ou des agents, qui leur formulent les mêmes fins de non-recevoir, toujours au motif d'un élément manquant, d'un enregistrement devant être fait par une tierce entité…

Otages du Monde et son président, Jean-Louis Normandin, viennent jusqu'à moi. Paris Aide aux Victimes et sa présidente, Mme Damiani, organisent trois rendez-vous. Ces contacts sont sans effet sur mes difficultés. La FENVAC (Fédération nationale des victimes d'attentats et d'accidents collectifs) dit avoir ouvert mon dossier. Sans doute l'est-il encore ? Je ne peux m'empêcher de me poser la question : à quoi diable servent ces associations ?

Je retourne à la CAF – un nombre de fois incalculable. Toujours, je répète mon histoire. Par comparaison, cela avait été plus simple face aux enquêteurs du Renseignement français. Ici, la situation tourne au cauchemar. Chaque fois me sont demandés mes déclarations fiscales et d'autres documents que je n'ai pas.

Je visite aussi ma banque, où un chargé de clientèle me reçoit. Les prélèvements automatiques engagés sur mon compte se sont poursuivis pendant ma détention. Mon téléphone portable a été utilisé au Mali jusqu'à fin 2013 et j'ai payé !

— Personne, chez vous, n'a donc fait la relation entre mon nom, cité dans les médias comme étant celui d'un homme retenu en otage, et celui qui figure sur mon compte ?! Peut-être auriez-vous pu bloquer les prélèvements, les échéances ? Personne ne s'est manifesté dans ce sens ? Je ne sais pas, moi, le Quai d'Orsay, des associations, l'Elysée…

Mes questions tombent dans le vide. Un vide de plus de trois années de vie…

Mon assurance-vie a disparu. Disparu ! Il n'y avait pas grand-chose, peut-être trois ou quatre mille euros. Je n'ai pas non plus d'explication. Rien. Je n'accède pas aux extraits comptables que je réclame. J'exige de tout savoir sur les mouvements de mon compte pendant ma détention. Sans succès. Bien sûr, je n'ai pas de carte de crédit, et retirer de l'argent est un parcours du combattant. Il faut me présenter chaque fois au guichet. De préférence au guichet de ma banque, et avec la même jeune femme, au risque, sinon, de devoir raconter une énième fois toute l'histoire, justifier de papiers inhabituels, expliquer pourquoi je ne dispose pas du chéquier qui me permettrait de libeller un chèque à mon ordre propre. Et mieux vaut ne pas avoir besoin de liquidités un samedi après-midi, après la fermeture de l'agence. Parce qu'il n'y a plus de solution jusqu'au mardi matin suivant !

Je me sens seul… Parfois je refais le scénario ; je me prends à rêver… Et si le Quai d'Orsay m'avait confié aux soins d'un référent qui m'aurait accompagné dans mes démarches, se portant caution des événements que je raconte, expliquant l'absence des papiers ? Etait-ce trop compliqué ? Ou bien… Et si le comité d'accueil de Vélizy m'avait reçu avec un passeport et une carte Vitale tout prêts ? Etait-ce difficile à anticiper ? Je ne peux répondre. Mais je sais qu'un simple point d'appui aurait changé beaucoup de choses.

Faute de refaire le passé, j'imagine des solutions pour le présent. Puisque je n'existe plus, je devrais peut-être renoncer à mon nom. A mes origines. Ma situation serait moins inextricable sous une toute nouvelle identité. Et si je me faisais passer pour un réfugié politique venu d'une quelconque dictature ou d'un pays en guerre ? Mes chances de trouver de l'aide seraient peut-être plus grandes ? J'ai vu, sur le site de l'Association des maires de France, que dans ces cas-là il est possible de recevoir quelque argent pour subvenir aux besoins premiers[1]. Rien de la sorte ne m'a été proposé. Bien sûr, ces infortunés sont des figurants importants du jeu politique, la manifestation quotidienne des vertus altruistes de notre nation. Ils attestent de l'exemplarité française.

Dans le même registre, je caresse un instant l'idée de me procurer un faux passeport. A Belleville, on m'a dit qu'on trouvait des passeports syriens à tous les prix. Une occasion de le vérifier… Plaisanterie. Démonstration par l'absurde.

Une pensée me hante. Si ma famille ne s'était pas cotisée, s'il n'y avait eu cette petite dépendance sommairement meublée chez ma mère, je serais peut-être sous un pont à l'heure qu'il est.

---

1. « C'est l'Etat qui prend aussi en charge leur logement dans le cadre d'une convention signée entre le ministère de l'Intérieur et les opérateurs spécialisés Adoma et Coallia. Ces opérateurs ont reçu pour mission de trouver un logement aux personnes accueillies dans le parc social, d'assurer le portage du loyer pendant environ trois mois, et d'assurer un pécule aux réfugiés avant l'ouverture de leurs droits sociaux » (site de l'association des maires de France : http://www.maire-info.com/international/refugies-syriens-letat-renouvelle-son-appel-au-volontariat-des-collectivites-article-18075).

Plusieurs semaines ont passé depuis mon arrivée. Toujours sensible à mes problèmes, Marie a pu trouver un contact privilégié à la sous-préfecture dont dépend mon domicile. La jeune femme se débrouille pour me faire inviter aux vœux du Nouvel An d'une commune proche. Hasard du calendrier, m'explique-t-elle, j'y aurai l'opportunité de nouer le dialogue avec les responsables politiques du secteur, de les interpeller sur la situation, éventuellement devant témoins.

J'y trouve en effet écoute et considération. On me propose même d'y prendre la parole. Je refuse, considérant que ma place n'est pas au micro. L'ambassadeur de Taïwan en France est là. Un député de Seine-Saint-Denis aussi. Tous accordent un intérêt sincère à mon histoire. Mais, surtout, le chef de cabinet du préfet et son assistante se révéleront non seulement les plus prévenants mais aussi les plus efficaces. Rassurants, ils promettent de prendre les choses en main.

Leurs propos ne sont pas que de circonstance, un amuse-gueule de cocktail qui accompagne la coupe de champagne. Grâce à eux, je récupérerai bel et bien carte d'identité et permis de conduire sous vingtaine. Enfin des interlocuteurs qui font leur boulot avec humanité. Enfin des interlocuteurs capables de prendre le problème à bras-le-corps. Sans calcul. Je les en remercie du fond du cœur. Une éclaircie à l'horizon. Ma gratitude va tout particulièrement à Mme Bonnal, à M. Verron, à monsieur le préfet et aux équipes qui les entourent. Leur soutien se révélera fidèle et efficace.

Je ne dors pas. Je cherche le sommeil. Je reste déphasé, en constant décalage. Je suis plombé par la fatigue quand, en journée, je voudrais être actif. Je reste enlisé dans un état cotonneux dont je ne me défais pas, malgré tous mes efforts. Inversement, les angoisses nocturnes et les tiraillements de toutes sortes allongent la nuit et l'ennui.

Je suis étendu sur mon lit, sans trouver la force de me lever. L'heure du déjeuner est proche lorsqu'on frappe à ma porte.

— Serge ! Tu as vu les infos ? me crie quelqu'un.

Ma voisine de cour, d'ordinaire plutôt nonchalante, est en proie à une agitation dont je la croyais incapable.

— J'arrive, dis-je, détaché et convaincu que rien ne mérite pareille hystérie.

J'ouvre la porte sur sa mine défaite.

— Une attaque terroriste est en cours, Serge. Là. Maintenant. En plein Paris. Ils s'en prennent à *Charlie Hebdo*, le journal. Ils auraient tué Cabu, Charb et tous les types qui y dessinent...

— Qui ça, « ils » ?

Mon calme n'est pas du tout contagieux. Elle crie de plus belle :

— Des islamistes ! Ils ont hurlé « Allah Akbar » ! C'est horrible !

Je la fais entrer et asseoir. Puis je mets la télévision que m'a donnée ma sœur sur une chaîne d'info. Les images sont terribles. Un policier a été abattu de sang-froid alors qu'il était au sol. Des types en armes ont investi la rédaction du journal satirique et ouvert le feu. Invoquant la grandeur de Dieu, ils ont laissé derrière eux douze corps sans vie. Avec calme, détermination et méthode.

C'est curieux. J'ai l'impression d'avoir été présent dans cette salle de rédaction. Je peux en décrire les détails, en assumer les impressions. La toute-puissance et la jubilation du canon chaud et fumant. Je vois tout sans forcer mon imagination. L'exaltation. L'animalité. La gestuelle militaire pourtant ponctuée de maladresses et d'amateurisme, de bêtise même. La quête d'un héroïsme qui forcera l'admiration des leurs. Cela confine à l'état de transe. Ces types sont déshumanisés, habités. Pour une part d'entre eux, moins par la foi que par la drogue. On parle de Captagon. Ils sont comme « programmés », étrangers à la fatigue, à la pitié, aux doutes, aux remords ou à toute forme de réflexion. Regardez-les dans les yeux, implorez leur pardon et ils seront plus implacables encore, trop heureux de jouir du pouvoir suprême, celui du bourreau. Puis ils se laissent acculer, créent la situation du non-retour ; de sorte que seule la mort peut les sortir de là. Immédiate et violente.

Et puis, il y a les questions qui animent le débat public. Ces journalistes assassinés, devaient-ils rire de Mahomet, et ceux qui ont survécu, doivent-ils continuer ? Ça me rappelle… J'ai entendu çà et là que Philippe et moi avions eu tort de partir au Mali. Attention à ne pas se tromper de coupables.

J'en ai froid dans le dos. La même sauvagerie glaciale. Ils sont là. Parmi nous. Tapis dans les foules. Prosélytes ou discrets. Quidams ou clandestins. Peut-être même certains sont-ils en chemin pour me cueillir, chez moi, et finir le travail.

Il faut que je bouge. Il faut que j'agisse. Ne serait-ce que pour me persuader que je ne suis plus un jouet passif entre leurs mains. Je me rends au gigantesque rassemblement populaire qui suit, aux alentours de la Bastille et de la République. La foule est si dense, si compacte qu'elle se fige. J'y suis presque « déguisé », lunettes de soleil et casquette vissée sur la tête. Je ne veux pas qu'on me reconnaisse. J'éprouve une culpabilité paranoïaque. Comment puis-je être encore debout sur mes jambes alors même que j'ai passé plus de trois ans avec ces fêlés ? Alors que ces journalistes, dessinateurs, chroniqueurs ont payé de leur vie leur travail.

Pas sûr d'être Charlie, parce que l'engouement est tel qu'il devient une injonction d'adhésion. Il est suspect ou amoral de ne pas être soi-même signataire du slogan, très largement récupéré. Je suis aussi nigérian, chrétien d'Orient, copte d'Egypte... Cet élan est magnifique. Et j'en suis. Avec la même compassion et la même sincérité que mes quatre millions de voisins. Mes réserves tiennent à cet effet « viral » qui me fait peur, à cette sensibilité franco-française alors que des drames semblables éclatent chaque jour en Afrique et au Moyen-Orient, à cette mixité sociale et culturelle qui semble y manquer. Il n'empêche que je suis là, submergé par l'émotion, comme tout le monde. Fébrile aussi, attentif aux mouvements de foule, aux comportements suspects.

Encore des mondanités, à la mairie de Paris cette fois. Puissent-elles m'être aussi favorables que l'a été la cérémonie des vœux du Nouvel An... Les vingt ans de la FENVAC sont célébrés en grande pompe dans l'une des plus belles salles de l'Hôtel de Ville. Deux cents personnes y assistent, dans un contexte de choc et de deuil post-Charlie. Certaines brandissent leur smartphone en mode vidéo pour immortaliser la rencontre, comme elles le feraient dans un concert de rock.

Dans son discours d'ouverture, Anne Hidalgo rend hommage à la présidente, Françoise Rudetzki. Elle salue l'expertise acquise par l'organisation, un savoir-faire grandement sollicité pour le relogement des personnes frappées par les attentats de ce début d'année 2015 : « Une organisation comme la vôtre est un élément central, un interlocuteur précieux pour les pouvoirs publics. » La maire de Paris ajoute que la République doit aux victimes la solidarité, qui donne tout son sens au mot fraternité. Bernard Cazeneuve souligne ensuite que les victimes, outre leur douleur, doivent affronter des problèmes pratiques complexes. A qui le dit-il ! Le ministre de l'Intérieur se félicite qu'aient été portées avec tellement de détermination la réforme du Fonds de Garantie et la reconnaissance d'un préjudice exceptionnel spécifique aux victimes de terrorisme.

Mes sentiments sont partagés. L'optimisme m'invite à penser que les outils politiques et institutionnels existent, et qu'ils finiront par restaurer ma situation. La déprime me chuchote que tous les dossiers ne sont pas équitablement traités. Je suis loin d'avoir ne serait-ce que la perspective d'obtenir un logement. Pourquoi n'ai-je pas l'aide administrative qui me fait tellement défaut ? J'ai même la sensation que la brochette d'intervenants m'évite. Ni le ministre de l'Intérieur ni la maire de Paris n'ont un geste vers moi, et le père de Philippe est laissé seul dans son coin... Décidément, c'est la déprime qui prend le dessus. Je ne l'ai pas revu depuis le Novotel. Sa douleur pudique me touche beaucoup. Il est digne. Admirable. C'est promis, je lui rendrai visite chez lui, en Dordogne, ces prochaines semaines ou ces prochains mois.

Françoise Rudetzki se présente finalement à moi. Je la salue avec courtoisie mais refuse de serrer la main de son lieutenant, qui la suit de près.

C'est lui qui m'a reçu dans les locaux de l'association. L'entrevue avait duré plus d'une heure, s'était conclue sur des paroles rassurantes, lyriques, même, sur les victimes du terrorisme. Depuis, j'ai essayé au moins quinze fois de l'avoir au téléphone, sans succès. Ce soir, je l'ai devant moi, je lui rappelle droit dans les yeux pourquoi je ne lui dois aucune considération, et je conclus, inspiré par mes réflexions de la soirée :

— Est-ce que vous choisissez vos dossiers ? Ceux qui vous plaisent ? Ceux qui vous déplaisent ?

Craignant l'esclandre – que je ne cherche pas –,

l'homme reste sans réponse, baisse la tête et s'en va serrer une autre main, plus cordiale celle-là.

Quelques personnes m'abordent encore, souvent avec un mot gentil. L'une d'elles s'étonne : elle me croyait fait citoyen d'honneur de la Ville de Paris, tout comme Ingrid Betancourt. Elle regrette sincèrement, me dit-elle, que ça n'ait pas été proposé… ou que ça ait été refusé. Je ne sais pas ce que recouvre ce titre mais je suis sensible au commentaire, je l'avoue. J'entendrai, plus tard et avec persistance, cette hypothèse d'une distinction honorifique un temps annoncée puis écartée. Diane, elle aussi, a eu vent de cette information. Je n'aurai aucune autre information à ce sujet.

La femme renchérit :

— Cher monsieur, si vous n'avez pas cette médaille, j'espère qu'ils vous remettront la Légion d'honneur. Hervé Gourdel l'a eue à titre posthume. Il la méritait, bien sûr. J'étais la première à la vouloir pour lui. Comme pour Philippe Verdon. Pauvres hommes. Mais il faut aussi penser à décorer les vivants !

Je lui souris. Elle est sincère. Les traits de son visage de senior ont figé toute une vie de jovialité…

Je regagne mon meublé. Seul. Mei ne vit pas avec moi. Pas encore. Nous avons prudemment choisi l'intermittence. Non pas celle du cœur, mais celle de la coexistence. Comme conjoint, je ne serais pas un cadeau, au quotidien. Mes nuits sont hachées de crises imprévisibles. Je préfère les vivre seul. Des crises d'angoisse, bien sûr, mais aussi des crises de douleurs physiques. Je me sens écrasé comme un pilote d'avion de chasse qui encaisse les G. Au moins une fois par jour ou par nuit, ma vision se trouble, les vertiges me font vaciller, mes jambes et mon bassin se figent, mon crâne cogne, ma cage thoracique est comprimée, les nausées montent, mon esprit panique... J'ai la sensation que mon enveloppe charnelle se rétracte comme la couverture dans le désert, pendant ma première période comateuse.

L'envie de me détruire est telle que je me rue contre les murs comme pour m'y fracasser. Mais la souffrance demeure. Incompréhensible. Incurable. La dernière crise que j'ai faite en présence de Mei a été pour elle une épreuve que je ne veux plus lui infliger. Elle m'a littéralement vu crever. Elle a passé la nuit à essayer de me calmer, avec sang-froid et affection. Je la repoussais sans ménagement et sans reconnaissance, vivant ce moment comme dégradant. Mais elle a persévéré, à la façon dont on entoure un gamin. Dès que je me suis senti mieux, elle a pris le chemin du boulot, sans avoir fermé les yeux une minute.

Il m'arrive, au bout du bout de la crise, d'aller aux urgences. On m'y calme. On m'y détend.

Mais on ne m'y soigne pas. Chaque fois, je repars avec l'impression d'aller un peu moins mal, mais toujours porteur des mêmes tourments et des mêmes maux, déjà en embuscade, prêts à resurgir. Toujours sans carte Vitale ni carte bancaire, je donne pour adresse de facturation : « 55, rue du Faubourg-Saint-Honoré, 75008 Paris. »

Une nuit, alors que la crise redouble de violence, je retourne au Val-de-Grâce. Cette fois, je ne repartirai pas. Je veux qu'on me libère de la torture ou, au moins, qu'on m'explique ce dont je souffre, qu'on diagnostique une pathologie. Je sens mon corps habité d'un froid permanent, cadavérique, comme s'il se maintenait à une température bien inférieure à trente-sept degrés. Mes mains sont perpétuellement glacées et jaunâtres. Une poignée de main suffit à le démontrer. Je ne sais même pas contre quoi me battre. Mon admission requiert une vraie négociation. Mais je tiens bon. Je suis hospitalisé pour huit jours.

Je ne sais pas qui gère mon dossier. J'ai l'impression de gêner. Pourtant, chaque fois que je soulève une inquiétude, l'examen me donne raison. Un problème d'oreille interne est avéré, résultat des coups portés à la tête et au visage. Une échographie des testicules révèle des lésions consécutives aux mauvais traitements. Une autre de l'abdomen atteste d'une blessure de deux centimètres refermée et correctement cicatrisée. L'endoscopie confirmera des troubles gastriques fonctionnels et désormais chroniques. Des prélèvements capillaires et pileux se sont révélés positifs aux métaux lourds. Plus tard, quelqu'un me dira que des rayons gamma ont rongé ma chair et que des cellules-souches seraient endommagées.

Je tiens cette terminologie, pour moi voisine de la science-fiction, d'un physicien qui s'est spontanément penché sur mon cas. Nos chemins se sont croisés par hasard. Anatoli est un ancien d'Ukraine, un vétéran de Tchernobyl, un ingénieur qui revendique une expertise sur la question nucléaire, la radioactivité et ses conséquences, une expertise dont, en profane, je ne saurais juger le bien-fondé. Convaincant, il a tâché de vulgariser sa démonstration en comparant les effets des métaux lourds à ceux d'un four à micro-ondes. Le simple mortel que je suis ne comprend rien à ce charabia qui combine l'objectivité de la médecine et des sciences avec la subjectivité des maux et des émotions. Les sceptiques n'y verront pas une preuve médicale de la réalité physique des crises qui m'assaillent. J'en conviens. Je ne cherche pas à démontrer, je veux juste témoigner, relater aussi fidèlement que possible mes difficultés.

Les barbus nous ont-ils empoisonnés, drogués ? Je l'ai senti ou redouté mille fois. Cela expliquerait notamment ma dérive suicidaire ou la lente agonie de Philippe. Mais comment connaître la part de l'angoisse et de la réalité ? Je comptais trop sur les médecins. J'ai conscience qu'il y a une part de « psy » dans mes réactions, mais ça ne fait pas de moi un mythomane ou un hypocondriaque. Mon corps dysfonctionne de toutes parts, c'est un fait.

J'essaie de comprendre ces pathologies qui m'assaillent, qui s'insinuent. Y compris celles de l'esprit. Je sais l'état post-traumatique très cérébral. Souvent d'ailleurs, lors des nuits sans sommeil, je me plonge dans une lecture opaque, celle d'Henri Ey et de son imposant *Manuel de psychiatrie*. A la recherche de clés pour me comprendre, je m'intéresse maintenant à l'introspection et à l'analyse. Je m'en étonne moi-même. Peut-être la peur d'intégrer un jour le nid de coucou ? Ce serait une solution commode, pourtant. Qui réglerait tous les problèmes d'identité, d'existence légale, de logement, de suivi… Ceux que je relance inlassablement y trouveraient sûrement quelque intérêt – un peu de repos, en tout cas. Je suis prêt à reconnaître une part de démence mais je demande qu'on s'abstienne d'y répondre par le silence. La lucidité sur ma propre folie ne fait-elle pas l'éloge de ma raison, de ma sincérité ? Quel homme, même le plus raisonnable, n'a pas ses moments de folie ? Les miens sont plus fréquents et plus longs. Voilà tout. Je sais aussi que la dénégation des évidences physiques me rend plus fou encore. Les médecins doivent absolument le comprendre. En dépend la rupture d'un cercle vicieux, la désescalade de la démence. Peut-être mon cas pourra-t-il servir la recherche. Je consigne tout. Toutes mes crises. Tous mes symptômes.

Au Val-de-Grâce, un médecin m'explique qu'avant d'être un ex-otage, puis un patient, je suis un budget pour l'Etat. Une dizaine de pathologies sont officiellement diagnostiquées. Comme elles conditionnent le paiement des frais de santé par la caisse militaire, avec le bon sens qui caractérise l'Administration, leur formulation a son importance. Ainsi, la liste n'évoque pas des problèmes gastro-entérologiques généraux, mais une hernie hiatale. Pas un problème cardiaque, mais de l'hypertension. En conséquence, la Caisse militaire (qui dans mon cas se substitue à la Sécu) ne prendra en charge que ce qui relève directement des pathologies énoncées dans ladite liste.

Or, je le ressens dans ma chair, mes difficultés physiques sont un tout. Les maux se font écho, en appellent d'autres, qui eux-mêmes déclenchent de nouvelles souffrances.

Dire que je ne suis pas un habitué du numérique est une litote. A dire vrai, je suis devant Internet comme l'*Homo erectus* devant le feu tout juste découvert – je me brûle. Capable d'en mesurer tout l'intérêt, je suis inapte à son usage. L'envoi d'un simple mail est un problème. Quant à la navigation, je n'arrive pas même à sortir du port. Navrant, mon archaïsme m'est finalement salutaire ; il limite les revues de presse douloureuses.

C'est donc assisté de bonnes âmes que je m'enquiers de ce qui s'est dit et écrit pendant ma détention. Je découvre une exposition médiatique quasi constante et un élan populaire que je n'imaginais pas si grand depuis le désert. Au point que les papiers calomnieux n'en ont pas eu raison.

Calomnies… J'apprends au fil de mes lectures que j'étais « un pied nickelé qui traîne depuis vingt ans dans des plans à la petite semaine », un type « mouillé dans les affres de la barbouzerie[1] »...

Le 25 novembre 2011, peu après l'enlèvement, les informations d'Europe 1[2] apportaient ces révélations : « [...] les deux hommes [Philippe et moi] ne seraient pas inconnus des autorités françaises. En 1999, Serge Lazarevic apparaît ainsi dans une procédure judiciaire en Serbie, visant un réseau clandestin financé par le contre-espionnage français... »

A la même date du 25 novembre 2011 (mis à jour le 2 avril 2012), dans L'express.fr[3], on trouve ceci, sous le titre « Le passé trouble de deux otages français » : « [...] L'homme, d'origine hongroise, aurait également participé au recrutement de mercenaires yougoslaves envoyés combattre au Zaïre pour soutenir le régime du président Mobutu... »

Sur le blog de *Marianne* « Secret Défense »

1. Libération.fr, « Au Mali, des otages au passé de pieds nickelés », par Willy Le Devin, 8 décembre 2011. http://www.liberation.fr/planete/2011/12/08/au-mali-des-otages-au-passe-de-pieds-nickeles_780532.

2. Europe1.fr, « Mali : le passé sulfureux des otages », par Didier François, 26 novembre 2011. http://www.europe1.fr/international/mali-le-passe-sulfureux-des-otages-833797.

3. http://www.lexpress.fr/actualite/monde/mali-le-passe-trouble-des-deux-otages-francais_1055099.html?

de Jean-Dominique Merchet[1], on apprend pire encore : « Ces deux hommes sont bien connus des milieux du renseignement. Le premier, Serge (Slobodan) Lazarevic, a été impliqué, durant les années 1990, dans un réseau en Serbie, baptisé "Araignée". Il aurait alors été en contact avec la DST (aujourd'hui DCRI). Lazarevic a également été impliqué dans le recrutement de mercenaires yougoslaves pour le président zaïrois Mobutu. Pour sa part, le nom de Verdon a été cité lors d'une tentative de coup d'Etat aux Comores, en 2003. »

L'Humanité, au moins, cite sa source – sans aller jusqu'à la vérifier : « Dès le 29 novembre 2011, le quotidien serbe *Blic* le présentait comme un vétéran de la guerre en ex-Yougoslavie présent sur le front croate et en Krajina, lié de longue date aux services de renseignements, notamment français [...] » (*L'Humanité*, 10 décembre 2014, Rosa Moussaoui[2]).

1. « Mali : les deux Français enlevés ne sont pas des géologues... », par Jean-Dominique Merchet, non daté. http://www.marianne.net/blogsecretdefense/Mali-les-deux-Francais-enleves-ne-sont-pas-des-geologues-actualise_a438.html.

2. http://www.humanite.fr/qui-est-lazarevic-dernier-otage-libere-559738.

Revenons sur chacune des accusations citées. J'endosse sans problème le statut de « pied nickelé », même si le jugement est facile, un peu hâtif, et les références inexistantes. Je ne nie pas non plus les plans à la petite semaine. Videur, délogeur… des plans à la petite semaine, oui, j'en ai plein mon CV.

Pour le reste, les accusations sont diffamatoires.

Je serais une « barbouze », « lié de longue date aux services de renseignement » ?! Il ne fait aucun doute qu'il existe des hommes du renseignement détenus en divers points de la planète. Il est impossible de livrer le moindre article sur le sujet. Le propre de l'espion n'est-il pas d'être invisible, inexistant ? Son passé, son engagement, ses missions, son profil… tout est tu, tenu secret-défense. Je serais le seul espion français dont on connaît le visage, l'histoire, et même la fille ! Nous sommes en pleine fantaisie.

Plus grave, on me soupçonne d'avoir été un mercenaire… qui plus est, impliqué dans les événements de Bosnie et au Congo. Cela revient à me mettre du sang sur les mains. Peut-on porter sur la place publique des accusations pareilles sans preuves solides ? Il s'agit de meurtres, de crimes de guerre, de crimes racistes…

Lorsque je les découvre sur Internet, je ne comprends rien à ces accusations – il me faudra un voyage en Serbie pour en éclaircir l'origine –, mais tandis que j'avance dans la lecture d'articles qui se reprennent les uns les autres, une image de ma captivité me revient.

Je revois Mohamed, un de mes geôliers. Il me lance :

« Tu n'es qu'un mécréant. Un mécréant qui tue des musulmans. Tu aimes ça, hein… tuer des musulmans, égorger leurs enfants, violer leurs femmes… Tu en as tué combien ? Dix ? Cent ? Mille ? »

Les mots m'avaient paru dénués de sens. Ils ne l'étaient pas. Je comprends maintenant à quoi Mohamed faisait allusion. Je comprends mieux cette impression d'une différence de traitement, lorsque j'avais croisé Thierry Dol et Daniel Larribe dans le djebel. Non qu'ils aient été emmenés en colonie de vacances. Leurs conditions de détention étaient difficiles. Evidemment. Mais mon sentiment reste qu'ils ne faisaient l'objet ni des privations ni des mauvais traitements qu'on m'infligeait. Ce que je trouve dans les informations répandues peu après mon enlèvement pourrait bien être une piste pour le comprendre.

L'otage que j'étais avait brusquement changé aux yeux d'Aqmi. Les barbus avaient kidnappé un Français pour sanctionner les prises de position de Sarkozy, puis de Hollande. Et soudain les médias leur apprenaient qu'ils détenaient plus que cela : un mercenaire qui aurait liquidé de sang-froid des Bosniaques, des frères musulmans. Ça valait un traitement de faveur ! Ainsi, pendant que quelques inconséquents prétendaient offrir à leur lectorat une information étayée, je prenais des coups sur la gueule et voyais ma vie défiler devant mes yeux chaque matin. Sans que j'en sache rien, ma personne était souillée, le doute s'installait chez les miens.

En avril 2015, un Roumain a été enlevé au Burkina par Al-Mourabitoune. Il était le chef de la sécurité d'une mine de manganèse à Tambao. Au moment où j'écris ces lignes, on est toujours sans nouvelles de lui. Pays de l'Est/mine/service de sécurité… Il y a là les ingrédients d'un cocktail sulfureux. Pas sûr, pourtant, que les médias de Bucarest se risquent à émettre des suppositions sur le pedigree de leur compatriote, pour l'heure incapable d'y répondre.

Inutile d'exprimer ce que je pense du travail des journalistes dont j'ai cité les textes. Ont-ils respecté le premier commandement du métier, qui exige de croiser les sources et de vérifier les informations reprises d'autres médias ? Ont-ils cherché à valider leurs propos depuis mon retour ? Ont-ils cherché à me rencontrer ? Qu'en est-il de leur enquête ? Qu'en est-il des excuses ? Pas d'enquête. Pas de démenti. Pas d'excuse. Rien.

Quand j'étais jeune journaliste – car j'ai été

titulaire d'une carte de presse serbe –, alors que je faisais des piges dans toute la Serbie, je croyais à la déontologie et à l'humanité de la profession. C'était dans les années 1990, j'étais reporter pour Jerina, un groupe de radiotélévision installé à Smederevo, à une quarantaine de kilomètres de Belgrade. Je sillonnais le pays et livrais des sujets de toute nature, le plus souvent de proximité et de société. Ici une inondation, là un fait divers... Je travaillais seul ou en équipe pour prendre du son et de l'image. Bien sûr, il n'y avait là rien qui puisse prétendre au Pulitzer, bien sûr aussi, la carte de presse serbe n'était pas soumise aux mêmes exigences qu'en France, mais j'ai retiré de cette expérience de plusieurs années une vraie familiarité avec la caméra et le micro. Je ne les recherche pas, mais ils ne m'impressionnent pas.

Il est d'autres journalistes, heureusement, qui ont fait leur métier. Je souhaite leur rendre hommage. A rebours de leurs confrères, ils se sont rappelé qu'on ne pouvait ni tout dire ni tout écrire sans penser aux conséquences. L'un d'eux, Philippe Rochot, homme de terrain expérimenté, lui-même ex-otage, l'a rappelé aux Assises internationales du journalisme, dénonçant « des suggestions déraisonnables et irresponsables livrées à l'interprétation de [mes] ravisseurs ». Il a ajouté ne pas craindre la censure, mais revendiquer son attachement inaliénable « au respect de la sécurité et de la vie des autres[1] », notamment la mienne et celle de Philippe Verdon.

Philippe... Son sort peut-il être entièrement dissocié du contenu d'articles de presse inconséquents ? Car lui aussi a été maltraité dans les médias. Pas de la même manière. On a écrit qu'il était un « zigoto[2] » qui accumulait les « embrouilles », un « baratineur hors pair[3] ». On se demande s'il n'aurait pas été un « arnaqueur » qui, à Madagascar, aurait été mêlé à une « escroquerie à grande échelle »...

---

1. Philippe Rochot, blog « Reportages pour mémoire ». « Libération de Lazarevic : survivre au portrait destructeur livré par les médias », 10 décembre 2014. http://philipperochot.com/2014/12/10/liberation-de-lotage-serge-lazarevic-survivre-au-portrait-dresse-par-les-medias-philippe-rochot/.

2. *Jeune Afrique*, « Mali : Philippe Verdon, itinéraire d'un aventurier malchanceux », par Rémi Carayol, 19 décembre 2011. http://www.jeuneafrique.com/188969/politique/mali-philippe-verdon-intin-raire-d-un-aventurier-malchanceux/.

3. Vingt minutes.fr. « Mali : Philippe Verdon, un otage à deux visages » par Stéphane Bouchet/Alert Press. http://www.20minutes.fr/societe/836930-20111206-mali-philippe-verdon-otage-deux-visages.

Je n'ai pas la légitimité pour me faire le biographe officiel de Philippe. Je ne suis pas non plus son avocat. Mais à la différence des signataires de ces papiers irrespectueux, je l'ai côtoyé. Eux ne l'ont pas vu. Ce « zigoto » a tout de même exploité un des plus grands gisements d'émeraudes au monde, si ce n'est le plus grand. Il connaissait mieux l'histoire et les peuples d'Afrique que ne les connaîtront jamais toutes ces plumes dénigrantes réunies. Le supposé escroc « à grande échelle » n'a, à ma connaissance, fait l'objet d'aucune plainte pour quelque arnaque que ce soit. Jamais je ne l'ai vu malintentionné ni désireux de porter préjudice à quiconque pour son profit personnel.

Ses diplômes ? « Philippe Verdon n'est titulaire d'aucun diplôme de géologie », trouve-t-on dans Libération.fr. Je ne lui en ai jamais demandé copie. Qui le fait, avec ses amis ? Je l'ai vu œuvrer en professionnel aguerri et, franchement, ça me suffit. Son père lui-même avait précisé dans une interview au journal *Sud-Ouest* : « Il n'avait pas de diplôme, mais il a suivi des cours de minéralogie pendant quatre ans. Il effectuait de la prospection minière. Il avait aussi une activité de conseil[1]. »

Quant à son expulsion de Madagascar, même

1. Sud-Ouest.fr, « Un aventurier, mais pas un barbouze », propos recueillis par Yves Saint-Sernin, 10 décembre 2011.

si je ne suis pas entré avec lui dans les détails, il y a bien d'autres interprétations à en faire que ces allusions malveillantes qui décrivent un homme sans rapport avec celui que j'ai connu. Il ne faut pas oublier le contexte politique tendu de l'époque, dans un pays qu'on savait miné par la corruption : le régime Ravalomanana, le retour de Didier Ratsiraka, l'« attentat » contre Hippolyte Ramaroson... L'île symbole de la Françafrique était sur des charbons ardents. Peut-être la situation a-t-elle dépassé Philippe.

S'agissant des Comores, il se serait « retrouvé [...] dans un coup d'Etat manqué [...] une tentative montée avec trois bouts de ficelle[1] », tentative dont les proches de Bob Denard se désolidarisent avec empressement, en relatant leur vérité. On les comprend. Difficile d'être associés à un plan raté. La légende en aurait pris un coup. Une fois de plus, le portrait qu'on fait de lui ne me paraît pas ressemblant. Je ne lui ai pas connu un quelconque appétit de gloire.

Pourquoi s'est-on employé à faire de cet homme exécuté pour rien, si ce n'est son statut de Français, un tocard, un va-t-en-guerre ridicule ? Je me

---

1. Libération.fr, Au Mali, des otages au passé de pieds nickelés, par Willy Le Devin, 8 décembre 2011. http://www.liberation.fr/planete/2011/12/08/au-mali-des-otages-au-passe-de-pieds-nickeles_780532.

l'explique d'autant moins que j'ai connu un tout autre homme.

Je m'interroge sur nos conditions de détentions, mises en regard de toute cette dérision, qui confine au mépris. Les auteurs de ces articles devraient s'interroger, eux aussi ; ils ne le font pas.

Avec le temps, les propos mutent. Ecoutez cette radio nationale de premier plan[1]. Elle n'hésite pas à déclarer, au lendemain de ma libération en 2014, que c'est Aqmi (et pas elle, implicitement !) qui nous avait présentés, Philippe et moi, comme membres du contre-espionnage français. Laconique, elle explique même que j'ai été, « un temps », confondu avec un autre homme. Un peu facile, n'est-ce pas ?

Cette confusion outrageusement minimisée a provoqué des dommages irréversibles. Les détails étaient nombreux et sourcés quand, en 2011, on évoquait à charge le profil des deux otages Verdon et Lazarevic. Tout devient étonnamment plus

---

1. Europe 1.fr, « Qui est Serge Lazarevic, le dernier otage libéré ? », par Anne-Julie Contenay, AFP, le 9 décembre 2014. http://www.europe1.fr/international/qui-est-serge-lazarevic-le-dernier-otage-francais-libere-2312755.

Europe 1.fr, « Al-Qaïda : des photos des otages européens », 13 décembre 2011. http://www.europe1.fr/international/al-qaida-des-photos-des-otages-europeens-860421.

Europe 1.fr, déjà cité p. 189. http://www.europe1.fr/international/mali-le-passe-sulfureux-des-otages-833797.

sommaire et plus évasif, tout s'exonère d'inutiles précisions, quand il s'agit de démentir et de me dédouaner. C'est probablement là la géométrie variable des choix éditoriaux.

Car il y avait bien un autre Serge Lazarevic, effectivement mêlé aux exactions de Bosnie et lié au réseau Araignée ! Je trouve dans le *Libération* du 3 décembre 1999, soit douze ans avant notre enlèvement, quelques réponses sur le sujet[1], en attendant celles que j'aurai plus tard, à Belgrade.

L'existence de l'organisation Araignée a été dévoilée quand, en 1999, ses fondateurs avaient comparu devant le Tribunal pénal international de La Haye. Cinq types devaient y répondre d'une liste vertigineuse de chefs d'accusation. Dans les années 1990, ils auraient orchestré l'attentat raté contre Slobodan Milosevic, participé à des opérations du renseignement, exécuté des musulmans en Bosnie et en Algérie, organisé des purges ethniques, tué des casques bleus à Sarajevo, éliminé un mafieux en Belgique, etc. Leur toile se

1. Libération.fr, « Enquête sur le réseau "Araignée". Ces criminels de guerre serbes qui ont travaillé pour la France », par Didier François, 3 décembre 1999. http://www.liberation.fr/evenement/1999/12/03/enquete-sur-le-reseau-araignee-ces-criminels-de-guerre-serbes-qui-ont-travaille-pour-la-france_291936.

serait tissée partout dans les Balkans et au-delà, jusqu'en Afrique. Le réseau Araignée aurait en effet recruté et formé des miliciens. Il aurait infiltré l'armée yougoslave et offert ses talents à Mobutu, en Afrique. Le bruit d'un accord entre Kinshasa et Belgrade sur l'envoi de combattants au Congo-Zaïre est persistant. On s'interroge sur une éventuelle approbation, voire entremise, de la France. On dit qu'une centaine de mercenaires belges et français auraient rejoint en armes et en uniformes le Zaïre, sous la houlette d'un ex-proche de... Bob Denard aux Comores.

Didier François mentionne : « [...] Le quotidien *Politika* assure que les membres du réseau Araignée avaient monté “une unité paramilitaire, appelée Balkan Ekspres, qui devait mener, pour le compte de l'Alliance militaire occidentale, des actions subversives au Kosovo” et que “le financement a été assuré par la DST”, la Direction de la surveillance du territoire, le contre-espionnage français, “l'argent de Paris ayant été livré sur la frontière entre la Hongrie et la Yougoslavie par un certain Serge Lazarevic”. »

Douze ans et un enlèvement plus tard, voici ce qu'écrivait en 2011 *Le Monde*[1] au sujet de Serge Lazarevic, pris en otage au Mali : « Serge Laza-

1. *Le Monde*, « Au Mali, le mystère du rapt des otages français », par Jean-Philippe Rémy, 29 novembre 2011.

revic, connu pour sa proximité avec des réseaux des Balkans proches de l'ex-DST française (aujourd'hui DRCI), notamment au sein d'un groupe paramilitaire baptisé Pauk ("araignée") accusé d'avoir fomenté une tentative d'assassinat de l'ancien président serbe Slobodan Milosevic, ou encore d'avoir aidé au recrutement de mercenaires serbes partis faire la guerre pour le compte du maréchal Mobutu, dans l'ex-Zaïre [...]. »

Un réseau secret, des mercenaires, des massacres, la Françafrique, plus les liens avérés entre Philippe et Bob Denard... la tentation était forte, il faut le reconnaître. Au point d'empêcher les vérifications ? La question d'une possible homonymie était pourtant cruciale, et difficile à écarter, d'autant que l'utilisateur d'Internet découvre vite un troisième Serge Lazarevic, celui-là guitariste de jazz moderne – pourquoi les médias ne m'ont-ils pas plutôt confondu avec celui-là ? J'aurais eu du succès, dans le désert. Certains se sont posé la question, d'autres pas... Il ne m'appartient pas d'enquêter pour faire la démonstration de ma bonne foi. Je ne saurais d'ailleurs pas le faire. Je ne sais rien de ce type qui porte le même nom que moi, si ce n'est qu'il semble peu recommandable. Je ne rumine aucune démarche judiciaire contre les médias que j'estime m'avoir fait préjudice, sans en exclure entièrement l'éventualité. J'espère surtout que ceux que j'estime m'avoir diffamé hier concourront demain à rendre sa réalité à mon image.

Je découvre heureusement autre chose que des calomnies et de la dérision, sur Internet. Les médias ont offert une large tribune à ma fille, Diane. Elle s'est exposée et engagée avec talent, fougue et détermination. Je la trouve magnifique sur les vidéos d'archives que je regarde une à une. Elle irradie les plateaux d'une pugnacité affectueuse. Je suis admiratif et fier. Je la vois courageuse, chevaleresque, défendant son sang, exhortant à l'action en tribun convaincant.

Diane, peut-être saurai-je écrire ce que je peine à te dire. Je m'adresse à toi.

Les témoins de cette repentance seront nombreux, très probablement surpris par l'irruption dans ces pages d'un message tellement personnel. Peut-être n'est-ce là qu'une maladresse de plus. Impudique, celle-là. Qu'importe, pourvu que je gagne ton pardon. Pourvu que je l'approche.

Je sais n'avoir jamais été un père modèle. Comme toutes les petites filles, tu aspirais probablement à partager beaucoup plus avec moi… la simplicité des jeux, la complicité des échanges, la douceur des câlins. Je n'étais pas là. Pas assez. Je ne t'ai pas vue grandir et je pleure ces années à jamais perdues.

Trop égoïste. Immature. Inapte à la stabilité. J'accepte tout. Je reconnais tout.

L'énergie que tu as su déployer pendant ma détention se révèle à moi aujourd'hui, implacable. Elle me confronte à mes manquements. Je ne mérite pas la bataille que tu as livrée pour moi dans cette forêt médiatique. Je sais n'avoir pas été à la hauteur. Je sais les dégâts commis. Et pas seulement depuis l'enlèvement. Depuis ton enfance.

J'ai peur de te faire encore du tort. Aujourd'hui et demain. Je suis d'une compagnie difficile, hanté par les souvenirs, dévoré par la paranoïa, souvent impatient, irritable. Parfois irascible. Parce que j'ai peur pour toi. Te tenir à distance de toutes ces histoires, de moi, de tous les méchants, me paraît une nécessité. Il s'agit de te préserver, de protéger la jeune mère de famille que tu es maintenant. Il te faut œuvrer à l'avenir de tes enfants, mes petits-enfants. Ne pas répéter mes erreurs. Offrir à ton foyer la quiétude et l'équilibre que je n'ai jamais su te donner. Je ne serais qu'une interférence nocive dans cette construction familiale. Je te demande de laisser du temps au temps. Mes plaies finiront par se refermer. Mes peurs s'apprivoiseront peu à peu. Ne doute pas un instant de l'amour que je te porte. Tu es et seras toujours ma petite fille, ma Dianette. Puisse l'avenir m'offrir une rédemption. Papa.

— Suivant, s'il vous plaît ! appelle une voix sèche.

C'est à moi. Je m'approche. La femme derrière le guichet n'est pas très avenante. Il n'est que 9 h 15 mais elle semble déjà lasse.

— Bonjour, madame…

— A quelle heure est votre rendez-vous ?

— Euh, je n'en ai pas, de rendez-vous. Justement, je pensais que vous pourriez m'indiquer comment rencontrer quelqu'un…

— Les rendez-vous se prennent uniquement par téléphone, au 39 49. Suivant !

— Je comprends, mais mon cas est un peu particulier…

— Vous êtes chez Pôle emploi. Chacun, ici, est un cas *particulier*. Y a même dix pour cent de cas particuliers en plus tous les ans, alors… Il faut faire le 39 49. C'est comme ça.

— Mais, madame, je n'ai pas de téléphone. Je vous demande juste de m'écouter un instant.

— Je ne suis pas là pour vous écouter mais pour vous enregistrer comme demandeur d'emploi.

Elle soupire, hausse les épaules, lève les yeux au ciel. C'est trop pour moi. Je sors de mes gonds, je fais le fou en état post-traumatique, je m'entends gronder, grogner.

— Non, je n'ai pas pris de foutu rendez-vous avec vos équipes. Non, je n'ai pas composé le 19 29 ou le 39 49, votre numéro à la con. Oui, j'ai fait une entorse aux règles, mais j'ai cru pouvoir m'y autoriser, madame, parce que je suis un vétéran de guerre. Je suis un ex-otage. J'ai été retenu trois ans au Mali par des plus fous que moi...

— Je vais vous demander de quitter l'agence.

Je reprends de plus belle mon discours sans queue ni tête, exaspéré, irrationnel. Pourtant, elle doit sentir que la situation n'est pas ordinaire. Elle m'interrompt, enfin :

— Ne bougez pas. Je vais me renseigner auprès de ma chef.

Ladite chef me reçoit dans son bureau, non sans souligner le privilège qui m'est fait. Après deux chefs d'Etat, François Hollande et Mahamadou Issoufou, un ambassadeur, un ministre de la Défense, une kyrielle de journalistes... une responsable d'agence Pôle emploi du 93 m'accorde une entrevue exclusive. Ma tournée VIP se poursuit... La dame fait un point statutaire et administratif. Mais, très vite, je la vois démunie. Non pas qu'elle soit plus empotée qu'une autre, mais sa plateforme informatique n'a pas de case pour moi. Je ne réponds à aucun critère connu. Son canevas prévoit le licenciement économique, la rupture conventionnelle, la faillite, la VAE, le reclassement, la requalification, la formation... Il prévoit à peu près tout, sauf l'enlèvement pendant plusieurs années par des terroristes. Elle explique que mes droits d'allocataire sont échus depuis plus d'un an. J'aurais dû m'inscrire à Pôle emploi dans les douze mois qui ont suivi la cessation de mon contrat de travail...

Suis-je bête ! Je n'ai pas confié de procuration aux barbus, qui se seraient empressés d'agir en mon nom. Mon interlocutrice est malgré tout de bonne volonté. Elle accepte enfin de déverrouiller la communication sans toutefois pouvoir déroger aux procédures d'inscription. Non seulement rien n'est prévu pour un cas comme le mien, mais je ne suis pas non plus capable de produire le quart des éléments requis pour la constitution d'un dossier. Ni bulletins de salaire ni relevés d'imposition. Le seul titre officiel à ma disposition est une attestation du ministère des Affaires étrangères selon laquelle je suis bien français et en règle avec les autorités. Je suis, pour citer mon interlocutrice, un dossier à classer parmi les « indigents ».

Avant de quitter les lieux, je me présente à nouveau devant la femme de l'accueil. Un instant, je brûle la politesse à un type prêt à lui présenter des documents :

— Madame, je vous présente mes excuses. J'ai conscience d'être allé trop loin tout à l'heure. Je me suis emporté. Je sais que vous n'êtes pour rien dans mes problèmes.

La femme ne répond rien. Je crains qu'elle ne s'interroge sur la possible ironie de ma démarche. Je suis pourtant d'une grande sincérité.

Ce jour fade de mars, je renoue avec une tradition dominicale. Celle de Chez Bébert, restaurant de tajines et couscous de Montparnasse, tout en haut de la rue de Rennes. Je m'assois à *notre* table, celle que Philippe et moi avions l'habitude d'occuper. Je me souviens que nous la faisions disparaître sous les plateaux de semoule, de brochettes, de sauces, de légumes, de dattes... Le personnel, qui me reconnaît, me témoigne beaucoup d'égards. Il prend à témoin les clients, vante mon supposé courage, restitue en mon nom le calvaire que j'ai vécu, se révolte, comme Momo de Belleville, contre ces frères de sang qui salopent le culte et la culture, qui sabotent l'activité touristique de son pays. Nous nous tutoyons depuis des lustres. Il n'est pas même nécessaire de passer commande. Les serveurs savent mes préférences et devancent chacune de mes envies. Pourtant, malgré la générosité des plats, les marques d'affection, le cœur n'y est pas. Je suis triste. La chaise vide, en face de moi, m'est insupportable. Elle me reproche la disparition de Philippe. Mon cerveau fait sournoisement réapparaître devant moi l'ami affable et fidèle. Il exhume quelques-unes des conversations dont Philippe avait l'art : ses aventures aux quatre coins du monde, sa conception de la vie, son affection pour l'Afrique... Certains souvenirs m'arrachent un sourire puis me replongent dans la mélancolie. Je me perds dans les suppositions sur les conditions de son décès. Je ne me souviens même plus exactement comment j'ai appris le peu que je sais, par petits bouts, par des personnes différentes. Une balle dans la tête, semble-t-il. La Direction centrale du renseignement intérieur (DCRI) et la Sous-direction anti-terroriste (SDAT) retiennent l'hypothèse d'un affaiblissement devenu gênant pour les terroristes. Philippe ne pouvait plus suivre les perpétuels déplacements des geôliers. J'ai compris alors qu'il était plus malade que je ne le pensais. Il faut dire qu'il n'était pas du genre à s'épancher sur ses bobos. Je scénarise presque malgré moi ses derniers moments. A-t-il eu peur ? Ces salopards l'ont-ils torturé ? A-t-il appelé à l'aide ?

Sa dépouille est restée abandonnée au désert, au soleil et à la faune pendant plusieurs jours, voire plusieurs semaines. Il est mort seul, au fin fond du massif de l'Adrar, dans le Nord-Mali. Abattu comme un chien, il n'a eu pour éloge funèbre que les insultes de la presse, à l'exception des rares journalistes qui ont, au moins, évoqué l'aventurier romantique, l'Indiana Jones rêvant d'une vie sans frontières. Les autres l'ont dépossédé de toutes ses qualités, même les plus objectives, pour ne retenir que ses déboires et le tourner en ridicule.

Philippe n'est un héros que pour moi, une de ces âmes d'aventurier comme notre époque n'en fait plus. Je pourrais parier tout ce qui m'appartient (aussi modique soit l'enjeu !) que la parole présidentielle ne sera jamais tenue. Les bourreaux ne seront ni retrouvés ni traduits en justice. Je me remémore quelques expressions piochées çà et là : « Insupportable », « intolérable », « je condamne avec la plus grande fermeté »... L'enquête pour « séquestration en bande organisée ayant donné la mort » n'est qu'une palabre juridico-administrative. Il ne se passera rien. Le seul devoir de l'Etat honoré a été le rapatriement et l'analyse génétique d'une maigre carcasse meurtrie et trouée. Voilà ce qui a été rendu au père et au fils de Philippe. Leurs larmes sont restées invisibles. Le corbillard sentait encore le chameau, mais l'âme du défunt était ailleurs. Je n'ai jamais formulé mon adieu véritable. Le cours incertain de mon destin me ramène pourtant chaque jour à l'ami disparu, à ma chance qu'il n'a pas eue.

Tout juste sorti du restaurant, je laisse mon regard se perdre sur les trottoirs gris de Paris. Curieusement, la lumière me manque. J'ai l'impression qu'un voile terne obstrue ma vue. Je suis morose. Je n'ai pas envie de rentrer chez moi. Le pantin pathétique rumine ses souvenirs. Il vagabonde au hasard des rues. Hagard et triste.

On m'interpelle soudain, d'une voix douce que je connais bien :

— Serge !

Mei se précipite sur moi, très fière de la surprise. Elle me savait ici. Mieux que quiconque, elle savait aussi que le coup de blues m'y guettait. Décidément, elle veille sur moi. Quasi maternelle, à sa façon. Jamais par la parole, qu'elle maîtrise encore trop peu. Mais par le geste, le regard.

Elle n'est pas venue seule. Elle est avec Lan, une amie installée de longue date à Paris et issue de la même communauté chinoise. Elle me présente aussi le conjoint de Lan, Mirko. Au premier coup d'œil, je situe le gaillard comme un pur produit des Balkans, sourcils fournis, regard un peu sombre et léger accent. Une nouvelle fois, Mei s'est montrée inspirée. Voir de nouvelles têtes, sans qu'il y ait quoi que ce soit à attendre d'elles, à obtenir… C'est exactement ce dont j'avais besoin.

Après une petite marche sur le boulevard Montparnasse, nous rejoignons le domicile de Mirko, en banlieue est de Paris. Nos hôtes me témoignent une grande hospitalité. A l'ancienne, les femmes s'activent en cuisine pour le dîner tandis que les hommes bavardent dans l'étroit salon. Je les entends toutes les deux rire aux éclats, s'amuser dans un chinois gai et spontané. Elles partagent une grande complicité. J'ignorais que Mei avait noué de telles amitiés à Paris. Je décroche de ma conversation avec Mirko pour tenter de capter l'objet de cette hilarité toute féminine. Evidemment, je ne comprends pas un traître mot, et mes déductions parfois scabreuses sont totalement farfelues. Lan a le rire exubérant. C'est simple, elle se marre tout le temps. Toute petite, débordante d'énergie, elle passe inlassablement du salon à la cuisine, parfois avec des assiettes, parfois avec du linge, tout en jetant quelques regards intéressés à l'émission populaire qui passe sur une chaîne de télé chinoise. Chaque fois que ma tasse est vide, elle revient y verser avec bienveillance son thé au jasmin. Elle m'amuse, avec ses pantoufles à moumoute rose vif et son caleçon aux motifs indéterminés.

Mirko, lui, est bien des Balkans. Je ne me suis pas trompé. Il est croate. A plus de soixante-dix ans, cet ancien de la Légion étrangère est encore sacrément charpenté. Bien informé, il est particulièrement prolixe sur le nouvel ordre mondial, les malheurs systémiques de l'Afrique et sur ce qu'il appelle « la dégénérescence française ». Il a servi au Sénégal, au Tchad, dans une unité d'élite. Les tatouages qui courent sur ses bras encore très solides sont les souvenirs de ses pérégrinations. Après avoir roulé sa bosse à travers le monde, il aspire maintenant à une vie tranquille avec sa nouvelle compagne. Il est de cette génération qui dénonce, parfois à l'excès, ce qu'est devenu Paris.

— Regarde, mon p'tit, comme tout est sale aujourd'hui. On respecte plus rien. Y a plus de politesse. Plus de galanterie. On laisse les vieux debout dans le métro. Et puis regarde ces branleurs qui font la loi dans les quartiers, dans les cages d'escalier... Tu ne vas pas me faire croire que c'est si difficile à gérer. On leur beurre les tartines à ces p'tits cons et on ajoute toute la démago en confiture. Tu colles une baffe un peu appuyée et tu secoues l'animal. J'te mettrais tout ça au pas, moi. Les politiques, ils font des phrases et puis plus rien.

J'aime le côté tonton flingueur. C'est brut de décoffrage mais ça fuse de partout.

A notre échelle, nous célébrons la réconciliation serbo-croate. En 1995, nous nous serions peut-être foutu sur la gueule. Aujourd'hui nous sommes deux désenchantés. Au fil de la conversation, Mirko et moi découvrons que nous avons connu la même petite ville coupée en deux par la guerre dans les années 1990. Nous y avons fréquenté les mêmes familles, vu les mêmes visages. Et nous rions.

Je me réjouis. Enfin, j'ai le sentiment d'une existence sociale. Quoi de plus anodin qu'un dîner improvisé chez des amis ? Un moment simple partagé autour d'une conversation. A quand remonte le précédent ? On dit que les malheureux n'ont pas d'amis parce que leur cœur est fermé. En confiance avec cet homme pourtant tout juste rencontré auquel je donne déjà le statut d'« ami », je m'attache à ouvrir le mien. Je me livre. Au-delà de ma détention, j'évoque la difficulté du retour, mes sentiments toujours noircis par la culpabilité. Je lui relate tout ce qui m'a tourmenté, ce midi, Chez Bébert.

Mirko m'arrête net et me prend le bras, presque autoritaire :

— Tu sais ce que disent les Croates, Serge ? « L'aube de l'un apporte toujours le crépuscule à l'autre. » On n'y peut rien. Oui, il y a eu des morts. Toi, tu es bien vivant. Tu ne peux pas te le reprocher indéfiniment. Tu pouvais faire quoi, dans ton désert ? Tu peux faire quoi, aujourd'hui ? Les vrais responsables, c'est les politiques. Je te le dis, Serge. Défends-toi. Rentre-leur dedans ! Cogne ! Tu ne crois pas que tu as assez morflé ? T'as un bon avocat ?

— Pas vraiment, non.

Un avocat s'est bien manifesté lorsque mon histoire a été médiatisée. Je lui ai même versé un acompte. Un gros acompte, rapporté à mes maigres revenus. Depuis, rien ne s'est passé, et j'ai pris la décision de m'en séparer.

— Il te faut un coup d'éclat, un coup de bluff, un chantage, je ne sais pas, moi… Fais une grève de la faim. Monte en haut d'une grue. Débarque à l'Elysée.

Débarquer à l'Elysée ? Drôle d'idée, mais ce n'est pas la première fois que je l'entends. Quelques semaines plus tôt, Jean-Marc, un professeur de philo, ancien attaché parlementaire, m'a donné ce conseil. Il a pris contact avec moi, spontanément. La raison de sa démarche m'a stupéfié. Il attendait de moi le mot « liberté » écrit et signé de ma main. Comme avec un grand penseur, ou une plume de renom ! Pour au moins une personne dans ce pays, mes mots ont eu une valeur… Je ne m'en suis pas amusé. J'en ai été flatté.

Depuis, Jean-Marc et moi, nous nous voyons de temps à autre ; le plus souvent dans une brasserie du Quartier latin. Je ne sais rien de sa vie. Il esquive quand je m'emploie à la découvrir. Tout nous oppose, a priori. C'est le type même de l'intellectuel. Hirsute et mal fagoté, il évolue dans des sphères qui ne sont pas les miennes, avec des mots qui ne sont pas les miens. La soixantaine, il passe son temps à s'interroger. Sur tout. Si j'ai bien compris, c'est le fondement de sa discipline, la philosophie. Il m'intéresse. Je trouve parfois dans sa parole des passerelles avec la psychiatrie. Mais je m'étonne qu'il puisse ne jamais formuler de véritable réponse et s'en satisfaire. Il s'en remet toujours à d'illustres références, les cite, en fait l'éloge, de sorte que je n'arrive jamais à cerner sa position, quel que soit le sujet. Mais je l'aime bien. Et ça m'amuse de penser qu'un ancien légionnaire et un prof de philo, tous deux penchés sur mon cas, en arrivent à la même idée saugrenue… l'Elysée.

Le drapeau tricolore flotte fièrement au-dessus du Château. Un des hommes en faction me demande l'objet de ma visite et le nom de l'interlocuteur censé me recevoir.

— Je suis Serge Lazarevic, ex-otage au Mali. Je viens voir le président Hollande.

— Un instant, monsieur.

Renseignements pris, le garde républicain revient vers moi.

— Personne n'a connaissance d'un rendez-vous, monsieur. Je suis navré.

— Dans ce cas, demandez Mme Boissier, s'il vous plaît.

C'est par malice que j'ai essayé de me faire annoncer au président, mais c'est bien avec cette femme, conseiller auprès de lui, que j'ai rendez-vous. Grâce aux relations de Jean-Marc.

La discussion commence mal. Les phrases sont stéréotypées, stériles, engoncées dans de vaines promesses. Le même discours, au mot près, m'a été tenu par un proche collaborateur de Laurent Fabius. Tous ces conseillers, hommes et femmes, n'ont pas pour but de trouver des solutions mais d'obtenir ma docilité. Cependant, je vois que ma détermination embarrasse Mme Boissier. Mes excès aussi, de langage comme de comportement. Cela ne m'empêche pas de poursuivre. Je déballe toute ma vie. Celle d'avant, qu'on m'a volée. Celle du désert, qu'on m'a fait subir. Celle d'aujourd'hui, qu'on pourrait me rendre. A la complexité administrative, j'oppose la simplicité de mes revendications : la paix et un toit.

— Je n'aspire à rien d'autre, madame. Ne suis-je pas assez syrien, pas assez irakien pour prétendre à l'aide de la France ?

— Je comprends votre exaspération, monsieur Lazarevic. Je vais faire remonter l'information en haut lieu.

— Nous n'y sommes pas déjà, en haut lieu ?

Mme Boissier m'explique alors que l'Etat est

comme un immense paquebot. Il embarque tout le monde à son bord, vers un modèle social qui est le plus perfectionné au monde. Mais il est si grand qu'il est difficile à manœuvrer pour les cas très particuliers.

— Vous me comprenez ?

— Oui mais, concrètement, on fait quoi ? Je m'enchaîne en haut d'une grue pour me faire entendre ? J'entame une grève de la faim ?

— Laissez-moi quelques jours pour activer deux ou trois contacts que je crois capables de vous venir en aide…

— Qui, exactement ? Parce que des gens influents et dévoués, j'en ai sollicité un wagon !

La jeune femme cherche manifestement une porte de sortie, une perspective qui pourrait clore notre échange sur une note honorable. La lumière lui vient d'un seul coup :

— Vous allez joindre ce monsieur de ma part, le colonel Mirande, dit-elle en reportant des coordonnées sur la feuille d'un bloc-notes.

L'éclair ne me fait pas l'effet d'être de génie. Ce serait plutôt la méthode patate chaude qu'on se lance d'une institution à l'autre, en l'occurrence le ministère de la Défense, en la personne du gradé chargé des anciens combattants. Agacé, je réfrène pourtant mon ressentiment. Je vois poindre une démarche nouvelle et à ce seul titre encourageante. Etre considéré comme un ancien combattant, un vétéran de guerre ? La perspective est réellement convaincante parce que inexplorée et objective.

Je n'attends pas une journée, pas une heure, et file battre le fer pendant qu'il est encore chaud, enchaînant avec un rendez-vous place Balard, dans notre Pentagone français. Le colonel qui m'accueille sur demande expresse de l'Elysée m'apparaît tout de suite d'une autre trempe. Il s'intéresse à mon cas en qualité non de politique mais de militaire. Ça change tout ! L'homme me plaît. Pas bien grand, la quarantaine, visage et épaules carrés, il a ce côté officier gentleman qui suppose honneur et droiture. Il n'a pas d'intérêt à s'intéresser à mon cas et moins encore à en démêler les nœuds, pourtant je le vois disposé à le faire, quitte à outrepasser son périmètre.

Mon instinct me chuchote que je tiens là une aide précieuse. Il est formel, la porte à laquelle frapper est celle de l'ONAC : l'Office national des anciens combattants et des victimes de guerre. L'organisme est connu du grand public pour ses opérations annuelles du Bleuet de France. Un insigne, un écusson, un pin's en forme de fleur bleue sont vendus, promus ou épinglés partout à travers la France. Mêmes les joueurs de football de Ligue 1 le portent, le temps d'une soirée de championnat. Me diriger vers l'ONAC, c'est enfin admettre que nous avons été enlevés parce que français, dans un contexte de guerre.

Le colonel s'adresse à moi comme s'il chaperonnait un vétéran de retour du front. Il voit dans mon histoire une pleine légitimité à me battre et à défendre mes droits. Reconnaissance, réparation et accès à un logement sont les missions de l'Office. Mon ange gardien s'y engage. Il m'apportera son aide pour toutes les paperasses nécessaires et honorera avec moi tous les rendez-vous requis, sur son temps libre s'il le faut. A commencer par une rencontre avec le directeur de l'ONAC de Paris. Avec lui naît l'espoir, s'organisent les rencontres qui comptent. Le mauvais sort est enfin conjuré. Il est le messager, l'éclaireur qui m'ouvre un chemin.

Juin 2015. La France se prépare à l'été. Les écoles ferment leurs portes. Les administrations annoncent l'imminence du ralentissement. Les médias préparent les « marronniers » de saison. Les juillettistes nourrissent l'impatience des aoûtiens. Et l'inertie estivale accentue encore les blocages qui parasitent ma vie. Le colonel n'a pas failli. Comme je l'avais pressenti, il a tenu chacun de ses engagements et honoré avec fidélité ce rôle d'ange gardien que j'espérais le voir endosser. Je sais mes dossiers sur les rails, correctement renseignés et toujours prometteurs de résultats ;

particulièrement sur la question du logement. Mais le cheminement des requêtes formulées est long. Trop long pour le post-traumatisme. Qu'il me faille attendre, je peux l'entendre. Ne pas avoir d'échéance m'insupporte. A en devenir fou. A crier à l'injustice. A hurler. C'est ça, hurler l'injustice de ma situation. Si je ne me contentais plus d'y penser, si je le faisais ?

France Info vient justement de prendre contact avec moi. Le reporter convient de me retrouver chez moi, dans la dépendance que j'occupe toujours. Il se montre très humain dans la préparation du sujet. Il veille à créer quelque chose entre nous, un climat de confiance. Je le crois surpris par ma situation. Il est vrai que je stagne, même si quelques lignes ont bougé. J'ai récupéré carte d'identité et carte Vitale. Le sous-préfet a levé l'incapacité chronique du Quai d'Orsay. Le fonds de garantie d'aide aux victimes m'a versé cinquante mille euros. C'est une somme. Le lecteur qui a du mal à boucler ses fins de mois pourrait s'étonner. Mais ce montant est à mettre en regard du passif, de l'incapacité définitive de travail, des nuits sans sommeil, des douleurs, des souvenirs… Dans la colonne des pertes, j'ajoute ma part de capital dans l'entreprise montée avec Vlado. J'ai fini par retrouver sa fille. Et le moins que l'on puisse dire, c'est que ce n'est pas reluisant. La boîte a été liquidée pendant mon absence, en 2013. La camionnette que j'avais mise à disposition pour les affaires courantes, dont la carte grise était à mon nom, a été saisie et sans doute vendue. Elle ne figurait pourtant pas dans les actifs de la société. Troublant. Je ne peux pas l'expliquer, mais, dans tous les cas, je suis le couillon de l'histoire.

Le journaliste de France Info et moi déjeunons, puis l'interview commence. Posément, j'égrène une à une les aberrations qui pourrissent ma vie. Au micro de Sébastien, je dresse l'état des lieux, rends compte de ma situation matérielle, financière, médicale aussi. Cette seule énumération suffit à mettre mes nerfs à l'épreuve. Le ton ne change pas, et je garde le contrôle de mes paroles, tout en cherchant comment exprimer avec sincérité et concision mes difficultés ; il faudrait une formule qui saurait enfin résumer ma vie en cristallisant l'attention. J'inventorie les fausses promesses, perce à jour les non-dits, liste les mous, les baudruches qui se croient essentielles à la marche du pays… Enfin, je laisse parler la colère :

— J'ai été abandonné, je suis un SDF de la République. J'étais mieux au Mali !

Prétendre regretter le Mali, quelle outrance ! Je le confesse. Elle n'était pas calculée. Elle contient toutefois une part de vérité : au Mali, je savais où étaient les salauds. Dans ce nouveau désert, français celui-là, c'est beaucoup plus nébuleux.

Mes propos se répandent comme une traînée de poudre. Partout. Sur le Net, dans les kiosques, à la télé, à la radio… Partout ! Le creux médiatique de l'été ne peut expliquer à lui seul l'emballement. Enfin, le pays voit ce que je vis. Enfin, la presse s'en fait l'écho. Enfin, certains s'en indignent. Evidemment, quelques associations qui n'ont jamais bougé un orteil pour moi s'étonnent. Elles font valoir la qualité des dispositifs mis en place pour les victimes comme moi. Inutile de répondre. Les faits parlent pour moi.

Des gens se manifestent. Des anonymes, des talents, des ex-otages. Une jeune Bourguignonne, Agathe, prend l'initiative de monter une association capable de collecter des fonds à mon intention. Elle entreprend seule toutes les démarches administratives pour que des dons me soient reversés. Les montants sont symboliques, mais il est des symboles qui comptent. Les petits mots des Français touchés par mon aventure, particulièrement. Martial, Julie, Emilie, Roger, Marie, Isabelle, Gilles… et tous les autres, avec lesquels, parfois, une relation s'est tissée, soyez certains de ma grande reconnaissance. Un site Internet « officiel » est également mis en ligne par des bénévoles. Il crée une précieuse passerelle avec celles et ceux que mes déboires ont touchés.

Le coauteur de ces pages, Renaud Blondel, m'est présenté grâce à cette vague médiatique. Nous ne nous connaissions pas, nous ne nous étions même pas croisés. Dans un café du quartier de la Nation, le premier entretien révèle des affinités partagées pour l'Afrique et le Mali. Le suivant laisse entrevoir une complicité naissante. Un troisième donne lieu à quelques pages spontanément rédigées. Un quatrième entérine notre projet commun. Un livre sera écrit. Travailler en tandem, c'est me garantir distance et constance. Mon partenaire s'attache à restituer mon vécu, à traduire mes sentiments. Je cherche à ne plus porter seul ce traumatisme. Je cherche à retrouver mon honneur d'homme. Pourtant, l'exercice est parfois douloureux. Il fait revivre l'épreuve et ressuscite les morts. Je ressens physiquement les scènes que je détaille : les odeurs, les brûlures, le goût du pain dont je me nourrissais. J'entends le sifflement et le claquement des balles. Tout est encore si réel.

Ce travail conjoint, l'intérêt que m'ont manifesté les éditeurs et particulièrement celui qui a mené à bien le projet, la genèse de ce texte sont l'expression d'une vraie considération. J'ignore si nos mots sauront peindre l'indescriptible, mais la dignité retrouvée suffit à justifier le projet.

Au mois de novembre 2015, je me rends à Belgrade. J'ai l'intention de demander des explications aux autorités serbes. En dépit de ma double nationalité franco-serbe, le pays s'est montré totalement indifférent à mon sort. Absent. Il a laissé divulguer des calomnies plus violentes encore qu'en France. Des avocats locaux me proposent de s'occuper de mon dossier, convaincus qu'il me faut demander réparation. Les démarches ont peu de chances d'aboutir, je le crains. Les points de blocage sont nombreux. Inextricables. Je ne suis pas sûr d'être prêt pour ce type de combat. Au fil de mes rencontres, un scénario se dessine, plus précis, plus évident. Je commence à penser que l'Etat serbe n'a pas seulement « laissé divulguer » de fausses informations… J'en viens à me demander s'il ne pourrait pas en être l'incubateur. Thèse d'un conspirationniste parano, sous médication ou en mal de reconnaissance ? Les indices sont là, autour de moi. Ils fondent l'hypothèse d'une

Serbie très impliquée. Alors je fouine, je cherche à comprendre, je remonte le temps et les calomnies jusqu'à leur source.

L'origine du raz-de-marée diffamatoire pourrait se trouver ici à Belgrade où sont sorties les premières révélations quant à mon supposé passé guerrier. Quelques jours à peine après l'enlèvement, en novembre 2011, le quotidien *Blic* (l'un des tabloïds les plus populaires du pays) ne m'épargnait pas.

Ses affirmations seront d'ailleurs très vite et très largement reprises par les médias français comme un incontestable référent, une vérité définitive. Mais les détails étaient ici encore plus nombreux, plus fournis[1]. On me prête un rôle dans le directoire de la société Géolink, qui aurait financé Mobutu. J'aurais payé le mercenaire Jugoslav Petrusic, dit « Dominique », pour les basses besognes d'un homme de main. A Sarejevo et au Kosovo, j'aurais été un espion à la solde de Paris. Habile et vénal, j'aurais revendu les renseignements qui ont trahi et conduit à la mort de nombreux jeunes soldats serbes.

1. *Blic*, « Srbin otet u Africi bio haški svedok, radi za francusku obaveštajnu službu », par Vladimir Matevski, 29 novembre 2011. http://www.blic.rs/vesti/hronika/srbin-otet-u-africi-bio-haski-svedok-radi-za-francusku-obavestajnu-sluzbu/wz9jvbe.

Mon cerveau s'emballe. Il tente de mettre en place les pièces du puzzle. Et si cette invention de mon passé avait d'autres ambitions que la seule vente de papier ? La théorie est un peu floue, presque subliminale… On pourrait sans mal imaginer que me voir crever loin dans mon désert n'était pas une catastrophe pour Belgrade. Cela aurait pu participer d'une grande lessive, de l'effacement des années sombres. Tarabiscoté ? Pas tant que ça. Un Lazarevic, vrai méchant, était introuvable. Un deuxième, à l'existence un peu marginale, était pris dans un guêpier en Afrique, tenu au silence et à l'éloignement, promis à l'exécution. En laissant prétendre que ce deuxième Lazarevic était le salaud de l'histoire, on augmentait les chances de voir de vilaines affaires enfin closes. Et pour toujours. Le savoir éliminé, c'était remettre les compteurs à zéro, laver le passé, sans que jamais le vrai coupable ne comparaisse devant quelque juridiction que ce soit, sans qu'il n'entraîne dans sa chute d'autres hommes aux mains sales et pourtant bien en vue aujourd'hui, sans qu'il ne révèle d'exactions pires encore. Une aubaine qui n'allait pas soulever d'émoi particulier chez les Serbes. Ce compatriote qu'auraient tué les barbus ne méritait de toutes les façons rien de mieux. Ajoutez à cela l'épineuse question de la rançon et vous imaginez l'intérêt d'un non-retour de l'otage… Tout se tient.

Puis, un nouveau papier de *Blic* attire mon attention. Il m'effare. J'y vois la photo d'un type dégarni à la barbe blanche et aux faux airs de Sean Connery. Le cliché est légendé. Il s'agirait de mon homonyme. Oui, l'autre Serge Lazarevic ! Je vois enfin sa gueule[1].

C'est incroyable. L'article est daté de décembre 2011. Le journal remet très clairement en question les révélations qu'il formulait moins d'un mois plus tôt. Il s'appuie sur la première photo d'Aqmi qui nous exhibe, Philippe et moi, dans le désert ; une photo qui a fait le tour du monde. Ses colonnes mettent en relief d'indiscutables différences physiques entre le mercenaire du réseau « araignée » (lui) et le détenu du Mali (moi). Aucun débat possible : ces hommes ne se ressemblent pas ; les deux photos ne sauraient pas même en faire de lointains cousins. Leur âge ne peut être le même. La chronologie de leurs vies respectives ne coïncide en rien. Une dizaine d'années les sépare. Plus que des doutes, ce sont des incohérences que livre désormais *Blic* aux lecteurs. Pourquoi les médias français, ceux-là mêmes qui voilà quelques semaines à peine citaient leur confrère serbe, n'ont-ils rien repris

---

1. *Blic*, « Al Kaida objavila sliku zatočenog Srbina », par Vladimir Matevski, 14 décembre 2011. http://www.blic.rs/vesti/hronika/al-kaida-objavila-sliku-zatocenog-srbina/4m3g2dw.

de cet article ? C'est incompréhensible. Toutefois, cet article ne remet pas en cause mes suspicions à l'endroit des autorités serbes. Il est possible d'imaginer une forme de désinformation légère, à l'usage des lecteurs pressés.

Des coups de feu me ramènent à la réalité du moment. Nous sommes le 13 novembre au soir, et je suis devant la télévision. La chaîne serbe, comme toutes les autres dans le monde, compte les morts. Ils seraient cent vingt-neuf. François Hollande, le visage défait, évoque l'horreur de la situation, parle de guerre. Le Raid, le GIGN peut-être et la BRI se sont déployés. Les gyrophares vont et viennent, par dizaines. Les blessés sont pris en charge à même le sol. Les témoignages se succèdent, plus glaçants les uns que les autres. Les images chocs, prises au plus proche des drames, sont diffusées en boucle à des téléspectateurs devenus voyeurs inquiets, hébétés et insatiables, dont je suis. Les mots me choquent, y compris ceux des médias français : « carnage », « boucherie »… Ils expriment une vérité, mais je les trouve mal choisis. On parle d'hommes et de femmes, pas de barbaque.

Les deux modestes âmes que nous étions, Philippe et moi, perdues au milieu du désert, ne sont plus qu'une anecdote passée, après cette tragédie.

Je le mesure. Je m'en trouve mal à l'aise. Mes mots s'engourdissent dans la pudeur et le respect. Dois-je poursuivre la narration de mon histoire, si dérisoire ? Mes combats, celui du logement, de la santé, de la reconnaissance, s'imposent-ils encore à moi, qui finalement ai la vie sauve, quoique difficile ? Je n'ai pas de réponse. La colère revient, seule certitude.

Je ne peux pas m'empêcher de repenser à ce que m'a dit Momo. Des types comme lui, depuis leurs petits commerces de Belleville, en savent plus que nos autorités sur les voyages douteux, le prosélytisme, la radicalité, et sont plus véhéments qu'elles à les condamner.

Il n'y a pas que Momo. Le scénario terroriste m'a souvent été annoncé par mes interlocuteurs en lien avec la surveillance nationale. Souvent, lors d'échanges informels avec les équipes de la DGSE, l'un ou l'autre évoquait la montée en puissance du risque terroriste sur le sol français. Le scénario du 13 novembre avait été avancé comme une hypothèse crédible, voire probable. A les en croire, la question n'était pas tellement de savoir comment la France allait être frappée, mais quand. Le principe de brigades martyres disséminées dans Paris était connu.

Les impressions et les souvenirs affluent, que je peine à préciser. Est-ce que mes geôliers n'ont pas fait des allusions, que je n'écoutais pas vraiment mais qui prennent maintenant un relief différent ? L'un d'eux, cela me revient, avait dit nous avoir « infiltrés jusqu'au trognon ». C'était pendant une nuit de marche dans le désert. J'avais du mal à mettre un pied devant l'autre… La formule m'a surpris. Dans le choix des mots plus que dans ce qu'elle annonçait. Elle pronostiquait le pire et se complétait d'arguments quant au nombre et à l'engagement de cette armée qui prolifère. Je n'étais pas bien lucide, mais me souviens d'avoir vu là les rêves d'un fou. Quel crédit pouvais-je accorder à ce décérébré qui imaginait ses frères d'armes marcher sur l'Europe ? L'actualité démontre que le mytho en babouches ne fabulait pas complètement. C'est un choc. Je ne savais pas être le détenu d'une chaîne qui courait désormais du Maghreb à l'Indonésie. Ce pauvre type qui m'insultait était insignifiant à mes yeux. Lui se savait acteur et maillon d'un mouvement colossal.

Quand bien même je n'étais pas dans la salle du Bataclan, le sentiment de culpabilité propre aux survivants m'oppresse. Je m'efforce de le repousser. Cherche à me l'expliquer. Je voudrais hurler avec les familles qui vont pleurer les leurs. Je voudrais hurler pour elles. Je ne suis pourtant pas légitime à être leur ambassadeur. Peut-être le suis-je davantage pour Hervé Gourdel,

Gilberto Rodrigues Leal, Philippe… mais aussi pour ceux qui, comme moi, ont eu la chance de revenir. Entiers ou cassés. Tous nous avons un point commun, celui d'avoir souffert d'exactions commises par des radicaux incontrôlés. Je songe aussi aux dispositifs d'assistance qui font défaut et que j'aimerais pouvoir faire éclore dans un cadre associatif. Cette envie que je sais latente depuis mon retour fait son chemin. Et ces drames nourrissent le besoin d'aller plus avant sur ce projet.

Les images montrent maintenant des affrontements entre les brigades d'élite et les terroristes. Ils sont d'une brutalité inouïe. Ils m'atterrent. Un cas de conscience s'impose à moi comme une violente évidence. Imaginons que l'un des barbares du Bataclan, ou même un lointain complice, ait été l'objet, un an plus tôt, d'une contrepartie pour ma liberté. Imaginons qu'un de ces salauds ait été échangé contre moi. La question se pose, légitimement. Quelle culpabilité pèserait alors sur mes épaules ! Le peuple français serait en droit de me détester. Il en viendrait à la conclusion que la vie d'un type qui cherche les emmerdes en Afrique ne vaut pas celles de ces nombreux innocents. Il aurait mille fois raison. Je deviendrais l'origine du mal. Mon modeste drame aurait enfanté l'une des pires souffrances collectives post-guerre mondiale.

L'exécutif est toujours resté opaque sur le sujet. N'est-il pas temps de révéler ce qui m'a valu de rentrer ? Nul n'est dupe. Quelques salopards ont peut-être été relâchés. De gros billets pourraient avoir facilité le deal. Je n'en ai pas les preuves, mais la conviction. On aurait arrosé les négociateurs, les intermédiaires, les terroristes et peut-être d'autres encore... Le reconnaître, ce serait ouvrir la boîte de Pandore, démasquer des profiteurs, mais aussi encourager la récidive.

Manuel Valls a rappelé que « la France n'abandonne pas et n'abandonnera jamais ses ressortissants », sans plus de précisions. La formule reste évasive. Philippe ou Gilberto démentent à eux seuls l'autosatisfecit. *Le Parisien*[1], dans un article du 9 décembre 2014, rapporte que l'hebdomadaire allemand *Focus*, au début de ce même mois de décembre 2014, a fait mention d'une rançon de treize millions d'euros payée pour la libération de quatre Français détenus en Syrie.

S'agissant de moi, on parle d'un échange avec Mohamed Ali Ag Wadoussène et Haïba Ag Achérif (deux types impliqués dans notre enlèvement)

1. LeParisien.fr, « Libération de Serge Lazarevic : l'hypothèse d'un échange contre ses ravisseurs ». http://www.leparisien.fr/international/serge-lazarevic-libere-grace-a-un-echange-de-prisonniers-et-une-rancon-09-12-2014-4360371.php.

et de deux autres prisonniers djihadistes dont j'ignore l'identité[1]. Un ministre malien se serait livré à quelques confidences. On a parlé de vingt millions[2]. Vingt millions ! Chaque fois, l'Etat français dément et nuance, préférant le mot « tractation » à celui de « rançon ».

Je veux savoir ce que j'ai coûté à la nation. Je veux être sûr de n'avoir pris la vie ou la santé d'aucun de mes compatriotes. Ma convalescence a besoin de cette lumière. Les administrés de France et de Navarre ont droit à cette transparence.

Mohamed Ali Ag Wadoussène aurait tué un gardien de prison au Mali. Lui et Haïba Ag Achérif seraient aussi impliqués dans l'odieux assassinat de Ghislaine Dupont et de Claude Verlon (RFI), enlevés et abattus à Kidal en novembre 2013. Ainsi, ils ne seront jamais jugés. Ainsi, ils ont peut-être recouvré la liberté, échappé aux sentences, et ce à mon seul bénéfice. Que les familles française et malienne de leurs victimes acceptent de me pardonner. Je les ai privées malgré moi

---

1. Libération, « Le Mali admet avoir libéré des islamistes en échange de Lazarevic », AFP, 12 décembre 2014. http://www.liberation.fr/planete/2014/12/12/le-mali-admet-la-liberation-de-prisonniers-en-echange-de-l-ex-otage-francais-lazarevic_1162429.

2. BFMTV, « Serge Lazarevic, les contreparties à sa libération », par Samuel Auffray, 9 décembre 2014.

de la seule réponse qu'elles pouvaient attendre. A cause de moi, justice ne sera pas rendue. Que les familles des prochaines victimes me fassent cette même grâce. Parce qu'il ne faut pas imaginer ces deux types prenant leur retraite de terroristes. Ils ont été fêtés en héros. Ils ont pris du galon et se sentent plus forts que jamais pour accomplir de futurs projets.

Comme l'a écrit le ministre malien de la Justice : « Toutes les vies se valent. Aucune n'est supérieure à une autre[1]. » Surtout pas la mienne ! J'ai été fait complice de ces pourris.

En conscience, c'est une responsabilité qu'il me faut apprendre à porter.

---

1. Mohamed Ali Bathily, cité par *Le Quotidien*, « Ibrahima Boubacar Keïta : les jihadistes libérés en échange de Lazarevic seront traqués », 17 décembre 2014. http://www.lequotidien.sn/index.php/international/ibrahima-boubacar-keita-les-jihadistes-liberes-en-echange-de-lazarevic-seront-traques.

La campagne calme et verdoyante, l'hospitalité et la disponibilité des cousins… Ce retour à Loznica m'est bien agréable. La cure, si elle ne doit ni ne peut être longue, est réparatrice. Ce coin du monde est ma madeleine à moi, évocateur de souvenirs et de visages.

Les forêts, les ruisseaux, les ravines, les coteaux, les monastères, les châteaux en font un havre de paix, préservé des attaques du temps. Ici, de Valjevska à Donji Taor, des paysannes se rendent encore aux moulins à eau pour y laver la laine. Situé aux portes de la Bosnie-Herzégovine, ce confluent islamo-catholico-orthodoxe n'a pas été toujours aussi tranquille. On s'emploie çà et là à rappeler les malheurs de la guerre. Des photos de 1995 subsistent sur les places publiques, exhortant les hommes à ne jamais retomber dans de telles folies. On y voit des décombres, des gravats, des villages rasés, une insurmontable peine sur les visages… Cette apocalypse n'a que vingt ans.

Nous sommes tous rassemblés dans la grande cuisine dont le souvenir m'est si parfaitement revenu pendant ma détention. J'y retrouve tout. Même les bibelots les plus baroques ont survécu au temps. Ils occupent les mêmes places, comme des coquillages collés à leur rocher. Rien n'a bougé. Les lieux se sont figés. Personne n'a osé déplacer la photo noir et blanc des arrière-grands-parents. Seul le temps s'attaque aux icônes de papier, qui jaunissent doucement, accrochées aux mêmes vieux clous que jadis. Les napperons de dentelle habillent toujours le guéridon. Celui de l'entrée. Ma grand-mère houspillait celui qui les déplaçait en quittant les lieux trop précipitamment. Ses réprimandes affectueuses résonnent encore aux oreilles des coupables.

Chaque objet de la maison s'accompagne d'une image ou d'une histoire bien vissée dans ma mémoire. Comme cette soupière faussement précieuse et vraiment ébréchée. Machinalement, je prends en main la vieillerie de porcelaine et la retourne. Lézardée sous les anses, elle porte encore les traces de mes diableries. Nous n'avions pas cinq ans quand Zoran, mon cousin germain, et moi, valeureux chevaliers au combat, avons fait chavirer la table et exploser ce fleuron du patrimoine familial. Je me rappelle que nous n'en menions pas large. L'avoinée s'annonçait rude. Après avoir un temps envisagé les excuses les plus bancales, nous avons reconnu la faute, la tête rentrée dans les épaules. Le regard que Zoran et moi échangeons aujourd'hui atteste que la complicité est intacte. Tout autour de moi redessine les contours que je croyais effacés de ma petite enfance, exorcise les effets de l'errance. Je l'ignorais, mais mon cœur d'enfant avait tout stocké. Il me restitue tout d'un bloc.

Zoran est maintenant le chef de famille. Le temps a blanchi ses tempes et dénudé le haut de son crâne ; au point que je ne l'ai pas tout de suite reconnu, quand il est venu me chercher à Belgrade. Ce cousin germain est un peu comme un frère. Il a mon âge. J'ai été élevé avec lui pendant mes plus jeunes années. Sa vie n'est pas toujours très ordonnée, tout comme la mienne. A entendre le timbre éraillé de sa voix, à voir la pigmentation de son teint et les aspérités de sa peau, je crains que l'alcool et le tabac ne l'aient accompagné de près, pendant toutes ces années. Le problème est plutôt commun, dans la campagne serbe. Je n'en ai pas moins d'affection pour lui.

Boro, son cadet, est plus rangé : vie de famille modèle, enfants en réussite, épouse aimante, existence simple et tranquille… Malgré ses différences, la fratrie perpétue le savoir-faire du grand-père et, avant lui, de ses aînés. Zoran et Boro sont tailleurs de pierres – de pierres tombales. J'aurais, c'est sûr, exercé moi-même ce métier si j'étais resté à Loznica. Mes mains ont d'ailleurs hérité de ce talent, si toutefois c'en est un. Je sais presque aussi bien qu'eux graver dans le marbre le nom d'un défunt et l'hommage qu'on lui rend. De tout temps, notre famille a bavardé avec les disparus. Le grand-père aimait à dire qu'il fabriquait de ses mains le lien qui unit les vivants aux morts. Il croyait à la noblesse et à la grandeur de sa tâche.

Nos retrouvailles sont émouvantes. Tout le monde a changé, ici. Les enfants ne sont plus des enfants. Certains des jeunes s'efforcent de comprendre la filiation qui me lie au clan. D'autres s'en moquent et ne cherchent pas à faire croire le contraire, vaquant à leurs occupations comme si je n'étais pas là. De nouvelles bouilles sont apparues pour étoffer la descendance. Des anciens ont quitté ce monde. J'écoute les noms des disparus, plus fataliste que triste. Troublé de retrouver sur les visages de leurs héritiers une expression, un regard, un geste qui leur appartenait.

Je me perds dans les ramifications généalogiques. Je peine à distinguer le lointain cousin du petit-neveu ou de la pièce rapportée. Nous bavardons comme nos aînés autrefois, quand j'étais moi-même un des mômes de la maison, « le petit costaud ». Je sens qu'à force de m'épargner certains sujets tous se réfugient dans les lieux communs. La météo et la fin des saisons, la tata qui prend un coup de vieux, autant de façons d'éviter tout ce qui s'est dit sur moi en Serbie. La stratégie est un peu grossière, mais je leur sais gré de me ménager.

Lorsque nous allons en ville pour y déambuler, la famille s'affiche malgré tout avec moi comme elle le ferait avec une star internationale, très fière de côtoyer celui dont on a tant parlé dans la presse ; fût-ce en mal. Même ceux des petits cousins que ma présence indiffère en privé singent sur les trottoirs une relation privilégiée avec le géant chauve revenu de l'enfer. J'en suis gêné. Ils autorisent les passants à se prendre en photo avec nous. A chacun, ils retracent mon parcours, survendent ma bravoure et brocardent les allégations des médias. S'indignent.

Loznica n'a pas encore fait sa mue. La cité proche de Brankovina est devenue un site touristique réputé, mais sans incidence pour la ville, qui reste en marge du temps, du monde, de son effervescence... Certaines artères et bâtiments officiels, froids et rectilignes, rappellent toutefois le poids de l'URSS. Ils coexistent étrangement avec les petites maisons de poupées que la guerre a bien voulu épargner. On aime à raconter au visiteur la prestigieuse histoire minérale de Loznica. Plutôt amusant, quand on connaît la mienne... En 2006, on a trouvé ici la jadarite, une pierre qui tire son nom de la rivière locale.

Le matériau recèlerait des propriétés analogues à celles de la kryptonite imaginée pour Superman, notamment du lithium, métal très recherché. Nul doute que la découverte aurait inspiré à Philippe des ambitions extravagantes. Peut-être se serait-il mis en tête d'en exploiter un filon. Sourire aux lèvres, je l'imagine glissant vers des projets bancals.

Bien sûr, le travail de la pierre ne suffit pas. Les cousins cultivent leurs champs et entretiennent la maison. La ferme garantit une autosuffisance séculaire. Le potager, les vaches, les poules… cette terre, un peu mienne, subvient aux besoins de tous. Même le saucisson est une production maison. Je m'en régale, il respire la campagne serbe dans toute son authenticité. Chaque matin, je vais chercher au poulailler les œufs encore tièdes. J'y retrouve les senteurs d'antan. J'y revois Majka. Tous mes sens y font revivre le passé.

Avant de repartir pour la France, je fais en sorte de rencontrer des psychiatres serbes, à Belgrade. Je me retrouve dans un asile lugubre et sordide. Une espèce de concrétion du pire, mélange de misère, de carcéralité, de maladie, de crasse… De *Vol au-dessus d'un nid de coucou*, je passe à *Midnight Express*. Si vous ne rentrez là-dedans qu'à moitié cinglé, vous en sortez incurable. Les barreaux des fenêtres ne retiennent pas les cris, les pleurs et les mots crus. Je vois des gens déambuler nus. D'autres muselés ou en camisole. J'en vois qui se pissent dessus, ou se branlent. L'endroit est un enfer.

Pourtant, je rencontre deux praticiens intéressants ; ils me reçoivent un peu comme un rat de laboratoire – un cas si particulier qu'il mérite qu'on s'y attarde. D'après eux, il me faudra quatre à cinq ans pour retrouver un semblant de stabilité psychologique. L'hypnose m'est déconseillée parce que efficace dans le seul cas d'un traumatisme court, ponctuel ou occasionnel. De même, la chronicité de mes problèmes proscrit les psychotropes de toute nature. On m'a lavé le cerveau, rappellent-ils. Valium et autres médications du même genre pourraient avoir des effets contre-productifs… dévastateurs.

Un quart de tour de clé et la porte s'ouvre. J'entre chez moi.

Près d'un an après mon retour, j'ai maintenant un « chez-moi ».

La mairie de Paris, le Quai d'Orsay, l'Elysée, les associations... Le grand monde est en tout point étranger à cette félicité. Mon colonel et l'ONAC ont réussi là où les bonnes âmes trouvaient toujours prétexte à ne pas avancer. Ils ont été extraordinaires d'implication, de conviction et de compréhension. Les indemnisations complémentaires perçues ces derniers mois ne permettaient pas d'accéder au crédit bancaire. Invalide de guerre et sans bulletins de salaire, je ne pouvais pas davantage accéder à la location. C'est pourquoi ce logement est une telle bénédiction.

Chaque fois, quel plaisir de franchir le seuil de ce deux-pièces du XIe arrondissement. Rentrer chez soi ! C'est un bonheur insoupçonnable pour qui n'en a jamais été privé. C'est se retrouver soi-même, se libérer des pressions de la rue, se protéger, se soigner, se cacher, se reposer... En cette période pré-hivernale, quand la lumière décline, quand les décorations de Noël sont bringuebalées dans le crachin, rentrer chez soi, c'est comme plonger dans un bain chaud. Allez-y, giboulées et bises de toutes sortes... tapez, frappez au-dehors. Les méchancetés, la vilenie ne passent pas mon paillasson. Et je m'y essuie les pieds avec mépris.

Mirko m'accompagne, encombré de cartons. Diablement efficace, il m'apporte son aide dans le montage des meubles de cuisine. Je crée mon univers, un cocon où rien ne me sera plus étranger. Pour l'instant, c'est un peu rudimentaire. Les quarante mètres carrés sonnent creux. Mais qu'importe. Je peux envisager l'avenir. Mieux, je peux m'envisager.

Dans le salon, quatre chaises de cuisine se font face. Un pote de Mirko devrait me refiler un petit canapé et peut-être même une table basse. Dans la chambre à coucher, j'ai pu installer un sommier et un matelas, eux aussi récupérés. Comble du bonheur, les fenêtres du huitième étage dominent Paris. L'horizon est dégagé. J'ai parfois l'impression que mon esprit s'envole, prêt à s'élancer vers lui ; non pas demain bien sûr, après-demain peut-être. Comme un phare dans la tourmente, la tour Eiffel tutoie le ciel à l'autre bout de la capitale. Pendant trois ans et un mois, j'ai vécu dans une prison sans murs. Curieusement, ces cloisons nues et blanches sont celles d'une liberté retrouvée. Elles sont la première médication de ma thérapie. Marchepied vers la sérénité, elles devraient apaiser mes colères, tempérer la violence des souvenirs d'infortune. Bientôt même pourrai-je renouer vraiment avec Diane, la recevoir dans des conditions dignes d'un père, lui montrer que je sors finalement vainqueur de mes combats. Bientôt, il sera visible que ma reconstruction est bel et bien en marche.

Ce soir, alors que Mirko est reparti, que Mei est sortie, je reste seul avec moi. Je ne raffole pas de cette compagnie – trop longtemps imposée. Je suis assis face à la fenêtre, dans la pénombre. Le reflet de la vitre mélange ma silhouette aux lumières de Paris, à l'image de mes vies qui se superposent et s'enchevêtrent. Je m'abandonne à l'introspection. Je me projette dans six mois, dans un an. Le psy m'a annoncé une année particulièrement complexe, la pire en matière de résurgences post-traumatiques, quand bien même l'essentiel de mes préoccupations matérielles serait réglé, ou en phase de l'être. « La pire de toute votre vie », a-t-il dit, sans craindre d'être dur. Il m'y prépare comme à des difficultés post-chimio.

Comme souvent quand je laisse mon esprit vagabonder, ma main rejoint l'arrière de ma tête, là où les cicatrices ont laissé un relief disgracieux. Encore une fois, les images du désert me reviennent.

Elles me renvoient à ma haine, celle qui me lie à mes geôliers. Et soudain, dans cet appartement, mon refuge et mon marchepied, je réalise qu'elle est finalement plutôt diffuse. Brumeuse. Etonnamment decrescendo. L'inhumanité n'a pas de visage. Il n'est pas un homme du djebel qui éveille en moi une quelconque soif de vengeance. Pas même Bouari. Tous ces matons du sable ont été si nombreux, tellement interchangeables, qu'aucun ne personnifie le forfait. Ce sont souvent de pauvres types, des jeunes sans cervelle auxquels on a confié une arme et une doctrine en plus de quelques billets. Parfois même ils sont tenus par un chantage ou une menace sur leur famille. Ailleurs, on leur promet des femmes. Leur fanatisme s'est d'abord niché dans la misère et la crédulité.

Il n'est pas pour autant question d'une angélique mansuétude à leur endroit. Loin de moi la tentation de défendre les coupables en négligeant les victimes, de trouver des excuses aux salauds avant de réparer les blessés. S'agissant des terroristes, rien, absolument rien n'est à pardonner à ces pourris.

Cependant, je me rends compte que mon amertume se focalise maintenant sur la gestion de mon retour par les pouvoirs publics. Toutes tendances politiques confondues. Je relis le *Libération* du 8 décembre 2011. Après la description détaillée de notre « passé de pieds nickelés » – Philippe en « mythomane » et moi en « furieux toujours prêt à faire le coup de poing » – on trouve la réaction prêtée à Alain Juppé peu après l'annonce de mon enlèvement : « Leurs aventures ont suscité l'ire du ministre des Affaires étrangères, Alain Juppé. Un proche du maire de Bordeaux assure qu'au moment où celui-ci a pris connaissance de la situation "son sang n'a fait qu'un tour"[1]. » La colère du ministre des Affaires étrangères, selon le journal, ne s'adresse pas à nos ravisseurs, mais bien à nous, les otages, aventuriers peu recommandables... A l'époque, il n'était pourtant pas si téméraire de voyager en pays dogon. Seuls quelques territoires, très au-delà de Tombouctou, étaient déconseillés. J'ajoute que je n'étais pas un touriste imprudent, sans même revenir sur les calomnies qui faisaient de moi un mercenaire. J'allais au Mali pour gagner ma vie. De quoi étais-je coupable ?

Thierry Dol déclarait récemment vouloir assigner l'Etat pour « non-assistance à personne en

1. Libération.fr, « Au Mali, des otages au passé de pieds nickelés », par Willy Le Devin, 8 décembre 2011. http://www.liberation.fr/planete/2011/12/08/au-mali-des-otages-au-passe-de-pieds-nickeles_780532.

danger » et « mise en danger de la vie d'autrui »[1]. Je le comprends. Notre diagnostic est commun. Comme moi, il se demande si les services secrets français ne savaient pas où nous étions, et cela depuis le premier jour.

Je me souviens, captif, d'avoir entendu des explosions régulières à proximité immédiate de nos positions, dans le désert. Je n'y prêtais pas attention, croyant à des entraînements djihadistes ou à des mouvements militaires. Rafales, tirs, déflagrations… toutes ces résonances d'ordinaire tellement oppressantes avaient fini par me paraître des plus banales. Pourtant, alors qu'elles me reviennent en tête, je les analyse différemment. Je les reconnais. Il s'agissait, pour une part d'entre elles, de prospection minière. J'en suis sûr, aujourd'hui. Comment n'y ai-je pas pensé sur le moment ? Comment, surtout, les autorités ne nous ont-elles jamais retrouvés alors que nous côtoyions les abords immédiats de sites géologiques en cours d'exploitation ou d'exploration ? Alors même que Philippe et moi nous étions rendus sur place pour une mission

1. LesEchos.fr, « L'ex-otage Thierry Dol porte plainte contre Areva et l'Etat français », 28 décembre 2015. http://www.lesechos.fr/politique-societe/societe/021583388664-lex-otage-thierry-dol-porte-plainte-contre-areva-et-letat-francais-1187904.php/Reuters.

relevant précisément de prospection minière. Et combien d'avions militaires ont survolé nos positions ? Ils ne nous auraient jamais vus ?! Pas plus que l'équipage de l'hélicoptère qui s'est trouvé face à moi ?! Il y a aussi ces fameuses lettres qui, adressées depuis la France, parvenaient jusqu'à nous... Tout cela nourrit le doute.

« Le doute », c'est aussi le sentiment de Thierry, que j'ai rencontré à plusieurs reprises. Je le sais plutôt timide et réticent à l'exposition médiatique. Je m'étonne qu'il s'y résolve, depuis la Martinique, où il vit, et l'imagine suffisamment mal dans ses pompes pour s'y contraindre. Sans doute faudrait-il mutualiser nos efforts pour peser sur l'Etat. Plusieurs fois, j'ai suggéré le principe d'une action groupée en justice. Mais j'ai senti résistances et réticences devant l'approche collective. La reconstruction relève d'une démarche contraire, très personnelle et intime. Pour chacun d'entre nous, elle doit primer. Tout autre objectif que celui de se relever, de revivre, est secondaire et potentiellement nocif à l'essentiel. Pourtant, j'en appelle aux abandonnés de la République, notre condition à tous mérite le combat. Thierry dit s'être entendu proposer vingt-six euros d'indemnité par jour de détention par le Fonds de Garantie. « C'est indécent[1] », conclut-il.

---

1. Le Parisien.fr, Thierry Dol : « Je ne veux plus

Mettons l'Etat devant ses responsabilités. Arrachons-lui les réponses qu'il se refuse à donner. Créons un cadre et une jurisprudence utiles à de prochains otages. Il y a une jurisprudence Jolo, déclenchons une jurisprudence Mali. Redéfinissons les obligations légales du gouvernement, de moyens et de résultats pour une libération. Défendons ceux qui ne sont pas rentrés ; pour leur mémoire comme pour leurs ayants droit. Refusons d'être l'objet éphémère de récupérations politiques, d'où qu'elles viennent.

Dénonçons les promesses trahies. Revendiquons la reconnaissance nationale que nous méritons. Valorisons nos vies perdues ou craquelées. Rassemblons notre expérience avec celle des victimes d'attentats. Il y a tant à faire. Ne nous cachons plus. Incitons d'autres otages de par le monde et de toutes nationalités à nous emboîter le pas.

Nos existences ne seraient-elles pas moins lourdes si nous portions ensemble souffrances et souvenirs ? Je n'ai pas la prétention de m'imposer comme l'homme qui pourrait légitimement fédérer notre cause. Je n'ai pas non plus la volonté de m'emparer d'un quelconque leadership. Je

---

être l'otage de personne », propos recueillis par Thibault Raisse, 28 décembre 2015. http://www.leparisien.fr/faits-divers/thierry-dol-je-ne-veux-plus-etre-l-otage-de-personne-28-12-2015-5405435.php.

voudrais juste que se délient enfin les langues et que prennent forme les intentions revendicatives. Je voudrais que conscience soit prise des manquements et des négligences dont nous sommes victimes, que chacun comprenne qu'après les discours seul un vide abyssal, obsédant, nous attend.

La France, celle-là même qui s'autoproclame à travers le monde humaniste et fraternelle, ne panse pas ses blessés. Elle leur lance deux ou trois os à ronger, puis les ignore, comme on cache la poussière sous le tapis.

Il ne s'agit pas ici de trancher la question de savoir si l'Etat doit payer ou non les rançons. Il n'y a pas de solution unique applicable à tous. Les paramètres sont géostratégiques, émotionnels, juridiques, militaires... Il est impossible de statuer sur le sujet.

La vraie question est celle de l'*après*. Le post-traumatisme doit faire l'objet de plus d'attentions. L'Etat n'a-t-il pas les moyens de détacher un fonctionnaire pour chaque otage rendu à la vie et à la République ? Peut-il se contenter de remettre aux victimes du 13 novembre une liste des organismes susceptibles de leur venir en aide ? C'est indéfendable. Celles d'entre elles qui, les premières, ont reçu un chèque n'en ont pas moins besoin d'assistance.

Mon avenir, si j'en ai un, s'écrira peut-être avec les statuts d'une association réellement capable de pallier l'incapacité chronique de l'Etat, une association qui, contrairement aux autres, mettra les mains dans le cambouis, au jour le jour. Je travaille à la création d'une structure sous législation 1901, qui offrirait à la fois une oreille et un bras opérationnel à chaque victime de guerre et du terrorisme. Une association qui écouterait, accompagnerait, guiderait, suppléerait… Tout ce qui m'a manqué, tout ce qui nous manque, à tous, je voudrais être en mesure de le proposer à mes semblables. C'est peut-être une utopie. Peut-être ma santé ne me permettra-t-elle pas de conduire ce projet à son terme. Peut-être me mettra-t-on des bâtons dans les roues… Cette association est un horizon. Elle pourrait devenir une raison d'être.

Je souhaite aussi me rendre disponible pour donner la parole d'un témoin sur le terrain. En France, dans les quartiers dits difficiles, pourquoi pas en Afrique, je peux me faire porteur d'un message pour la jeunesse ; tout particulièrement pour celles et ceux que les sirènes du djihadisme pourraient séduire. Désacraliser l'idéal intégriste à la lumière de l'expérience, restituer la couardise de ces types, illustrer l'arnaque des leaders qui les instrumentalisent, je peux être intarissable sur le sujet.

L'épreuve a façonné un nouvel homme, humaniste et croyant. Si certaines colères grondent en moi, d'autres s'éteignent. Je tire une sagesse nouvelle de ma mésaventure. N'en déplaisent aux plus cartésiens de mes détracteurs, j'ai vu Dieu et je sais lui devoir ma survie. Force ou illusion, cette apparition m'a tiré vers le haut, juste au-dessus de la ligne de flottaison. Elle m'a protégé et me tourne aujourd'hui vers l'altruisme et l'amour. Ça ne me destine pas à entrer dans les ordres. Ça fait juste de moi un homme meilleur.

Ne balayez pas d'un revers de main cette inspiration divine que je vous rapporte avec humilité. Soldats, malades incurables, prisonniers... combien d'âmes se croyant étanches aux divagations spirituelles se sont pourtant livrées à un hypothétique dieu pour surmonter la peur extrême ou une douleur intolérable. Ne le ferez-vous pas vous-même, au soir de votre vie, au seuil de votre mort ? Le divin, même en sa qualité vulgaire d'ultime recours, voire de superstition, n'est-il pas salutaire ? Dans mon cas, il concourt au pardon, au partage et à l'amour.

Mei me voit préoccupé. La mine plus solennelle qu'à l'accoutumée. Ma gesticulation révèle mon embarras. Je veux parler, mais je ne sais comment m'y prendre. Je voudrais des mots à la hauteur de mon ambition, mais sans trop en faire. Comme souvent avant les grands sauts, le mieux est de ne plus réfléchir. Je ne saurais faire du Verlaine, et pas question de m'agenouiller la rose entre les dents.

— J'y ai beaucoup pensé, Mei. Je crois qu'on devrait se marier. Tu en dis quoi ?

Elle qui pliait le linge, elle se fige et se suspend à mon regard. Sans un mot, elle cherche à savoir si elle a bien compris. Comme toujours, ses doutes sur les subtilités de la langue française l'emportent sur la spontanéité. Je confirme d'un sourire. Ce court silence de gêne et de complicité mêlées est délicieux. Elle retient ses larmes.

Notre relation est un miel dont je me nourris chaque jour. Il se fabrique dans la patience et s'accommode des conditions les plus médiocres sans jamais se dégrader. Le chaud, le froid, les saisons, les années, rien n'a raison de lui. Exposez-le aux parasites, à la négligence, il reste sain et pur. Il est si doux qu'on en oublie sa miraculeuse inaltérabilité.

Mon espérance de vie n'est probablement pas immense. Long ou court, mon chemin devra défricher celui de Mei, l'ouvrir et la prémunir enfin contre la précarité. Elle le mérite. Le besoin de construire est viscéral. Après tant de jours sans amour, il me faut rebâtir ma vie affective. Elle pourrait fonder le reste. En être le socle stable et serein. Après la solitude, l'union. Après la poisse, la chance. Après l'âpreté, la douceur.

D'un désert à l'autre

Cette jeune femme que je n'osais penser revoir… C'est finalement elle, désintéressée et amoureuse, qui me ramène à la vie. J'ignore comment un ex-otage se marie à une sans-papiers, et je peux déjà voir poindre les prochaines réjouissances administratives. Qu'importe… La vie est belle de retrouver l'amour.

MIXTE
Papier issu de sources responsables
FSC™ C003309
www.fsc.org

Composition et mise en pages
Nord Compo à Villeneuve-d'Ascq

Imprimé en Espagne par Cayfosa
Dépôt légal : mai 2016